社会心理学のための統計学

心理尺度の構成と分析

清水裕士
荘島宏二郎

心理学のための統計学 3

誠信書房

シリーズまえがき

◆ラインアップ

「心理学のための統計学」シリーズは,心理学において必要な統計手法を広くカバーするべく用意いたしました。現在のところ,本シリーズは,以下のようなラインアップとなっています。

巻号	タイトル	主な内容
第1巻	心理学のための統計学入門 —— ココロのデータ分析	記述統計量・相関係数・正規分布・統計的仮説検定・z検定
第2巻	実験心理学のための統計学 —— t検定と分散分析	t検定・一要因分散分析・二要因分散分析
第3巻	社会心理学のための統計学 —— 心理尺度の構成と分析	因子分析・重回帰分析・階層的重回帰分析・共分散分析・媒介分析
第4巻	教育心理学のための統計学 —— テストでココロをはかる	信頼性係数・項目反応理論・マルチレベル分析・適性処遇交互作用
第5巻	臨床心理学のための統計学 —— 心理臨床のデータ分析	メタ分析・例数設計・検定力分析・ROC曲線
第6巻	パーソナリティ心理学のための統計学 —— 構造方程式モデリング	確認的因子分析・パス解析・構造方程式モデリング（共分散構造分析）・信頼性・妥当性
第7巻	発達心理学のための統計学 —— 縦断データの分析	縦断データ解析・欠測データ・潜在成長モデル
第8巻	消費者心理学のための統計学 —— 市場調査と新商品開発	クラスター分析・コレスポンデンス分析・ロジスティック回帰分析
第9巻	犯罪心理学のための統計学 —— 犯人のココロをさぐる	多次元尺度法・決定木・ナイーブベイズ・ブートストラップ・数量化理論・生存時間分析・地理空間分析

◆コンセプト

各巻は,個別心理学のストーリーに寄り添いながら,統計手法を勉強するつくりになっています。たとえば,『社会心理学のための統計学』では,「態度」や「対人認知」など社会心理学における重要な概念を学びつつ,統計手法を抱き合わせで解説しています。

効率性を重視したならば,これほどの巻数を必要とせずに少ない巻数で統計学を学習することができるでしょう。しかし,**本シリーズは,個別心理学のストーリーを最優先にして,個別心理学の文脈の中で統計学を学ぶ**というスタンスをとっています。心理の学生には,このようなコンセプトのほうが学習効果が高いと願ってのことです。

ただし，各巻は，個別心理学でよく用いられる統計手法を優先的に取り上げていますが，たとえば『社会心理学の統計学』を学べば，社会心理学に必要な統計手法がすべて網羅されているわけではありません。統計手法は，各巻でなるべく重複しないように配置しています。また，巻号が後ろになるほど高度な内容になっています。したがって，意欲的な読者は，自分の専門でない心理学分野で頻用される統計手法についても学習を進めることをお勧めします。

◆読者層

おおむね第1～5巻は学部生を対象に，第6巻以降は大学院生を対象と考えています。

◆構成

各巻は，おおむね7章構成となっており，各章はおよそ授業1コマで教える内容量となっています。つまり，2巻で半期（半年）の分量となっています。

◆伴走サイト

以下に，URLで伴走サイト（accompanying site）を用意しています。ここには，本書で用いたデータ，分析のためのソフトウェアプログラム，授業のパワーポイント教材（教員向け），Quizの解答などが置いてあります。どうぞご自由にお使いください。

http://shojima.starfree.jp/psychometrics/

◆家族へ

このたび，シリーズ最初の巻を上梓することができました。妻の幸子と娘の佐綾に絶え間なく勇気づけられました。大切な二人に感謝します。

◆最後に

本シリーズが皆さまの学習を促進し，よりよい成果を導くことを願っています。また，本シリーズを上梓するうえで，誠信書房の松山由理子様と中澤美穂様に多大なお世話になりました。この場をもちまして厚くお礼申し上げます。

2014年7月

シリーズ編者　荘島 宏二郎

まえがき

◆ 本書の説明

　本書は，因子分析や重回帰分析など，心理調査・社会調査でよく用いられる多変量解析の手法について解説しています。また，態度測定や尺度の得点化，信頼性や妥当性といった心理測定法に関わるトピックも盛り込んでいます。さらに，日本語の解説書がまだあまり刊行されていない，重回帰分析での交互作用効果の検討方法（第7章）や，媒介分析の方法（第8章）など応用的な回帰分析の手法についても取り上げています。

　本書の特徴は，本書のタイトルでもある「社会心理学のための統計学」を忠実に実現したところにあります。それは，各章では社会心理学の理論や研究を紹介し，実際に社会心理学のジャーナルで掲載されている論文に似せたストーリーに基づいて，分析法が解説されている点です。第1章では社会的態度や自尊心，第2章では対人認知，第3章では成人の愛着スタイル，第4章では対人魅力，第5章では関係へのコミットメント，第6章では社会的アイデンティティ，第7章ではリーダーシップ，第8章では一般的信頼の文化差を取り上げました。これらの理論や構成概念は，著者（清水）が考える，「社会心理学を学ぶ学生が卒業するまでに学んでほしいもの」を盛り込んでいます。

　そういった特徴から，本書は社会心理学の学部生向けのゼミや，社会調査実習などの授業で使われることを想定しています。重回帰分析よりも一般に難しいと思われている因子分析を先に持ってきているのは，実際の演習では尺度作成を行ってから重回帰分析をする，という流れのほうが多いと思うからです。

　だからといって，社会心理学を学んでいる学生にしか本書が利用できないわけではありません。社会心理学の理論などの事前知識がない学生でも，十分に理解できるように執筆したつもりです。また，統計手法については，他の心理学分野でも多く利用されるものを扱っています。社会心理学の近隣領域である教育心理学や臨床心理学，発達心理学を勉強している学生たちも，ぜひ本書を通して心理学と統計学のコラボレーションの成果を味わってもらえればと思います。

　本シリーズは一貫して，特定の統計ソフトウェアに依拠しない立場で書かれていますので，本書も読者の皆さんに適した環境で分析をする教材として使っていただけます。一方で，本書で取り上げている分析法を使うのにオススメのソフトウェアもあります。ひとつはフリーソフトであるRです。Rは非常に幅広い分析手法を網羅し，また最新の方法もどんどん取り入れられています。第7章や第8章の応用的な分析も，Rでなら簡単に実行できます。もうひとつは，著者（清水）が作成したHADというソフトウェアです。HADはExcelで動くフリーソフトで，著者の勤務校である関西学院大学やその他の大学でも，すでに教育用に使われています。本書

で紹介されている分析法もすべて実行できますので，学生指導に活用していただけると幸いです。HAD は http://norimune.net/had からダウンロードできます。

◆ 謝辞

本書の執筆にあたり，多くの方々にお世話になりました。

まず，著者（清水）に心理統計学の基礎，特に因子分析の考え方と魅力を教えてくださった山口大学教育学部の小杉考司先生に感謝します。先輩の固有値分解への異常な愛情に出会わなければ，本書を執筆させてもらうこともなかっただろうと思います。今後ともよろしくお願いします。また，重回帰分析の交互作用効果の分析については，比治山大学短期大学部の前田和寛先生に，論文や直接の議論を通して教わりました。前田先生の資料とマクロがなかったら，HAD に重回帰分析の交互作用の機能が搭載されることもなかったと思います。ありがとうございました。

本書は社会心理学の理論についても取り上げているため，各章について多くの先生方からコメントをいただきました。広島大学大学院教育学研究科の平川真先生，広島大学大学院総合科学研究科の小宮あすか先生，久留米大学文学部の浅野良輔先生，広島大学大学院教育学研究科の中島健一郎先生，高知工科大学マネジメント学部の三船恒裕先生，立命館大学スポーツ健康科学部の杉浦仁美先生，滋賀大学経済学部の竹村幸祐先生，貴重なコメントありがとうございました。そして，本書すべてを精読して文章表現などについてコメントをくれた関西学院大学社会学部の志水裕美さんにも感謝します。本書が読みやすいものになっているとしたら，それは彼女のおかげです。

共著者である荘島宏二郎先生には，本書の執筆を通して統計の専門家の立場からさまざまなコメントや議論の機会，そして執筆の遅い著者への温かい励ましをいただきました。本書の執筆は私のとってもよい成長の機会となりました。ありがとうございました。

最後に，私が研究や執筆作業に集中できるようにいつもサポートしてくれている妻の梨江と，研究や執筆作業を放り出したくなるような笑顔をくれる息子の悠太に感謝します。いつもありがとう。

2017 年 4 月

第 1 著者　清水 裕士

目　次

シリーズまえがき……*iii*

まえがき……*v*

第1章　心についての構成概念の測定 ── 態度測定法　　1

1.1 構成概念と態度……1
　　1.1.1　構成概念とは　*1*　　1.1.2　社会的態度　*1*　　1.1.3　構成概念としての態度　*3*

1.2 態度の測定……3
　　1.2.1　態度を測定するために　*3*　　1.2.2　態度を操作的に定義する　*4*
　　1.2.3　態度の測定方法　*5*

1.3 尺度構成法……6
　　1.3.1　心理尺度の特徴　*6*　　1.3.2　態度を測定するための心理尺度　*6*
　　1.3.3　サーストン法（等現間隔法）　*7*　　1.3.4　リッカート法（評定総和法）　*8*
　　1.3.5　SD法　*9*

1.4 態度を測定する ── 自尊心を例に……10
　　1.4.1　自尊心の測定　*11*

1.5 データの性質を知る……13
　　1.5.1　データの入力　*13*　　1.5.2　各項目のヒストグラムを出力する　*14*
　　1.5.3　各項目の平均値と標準偏差を計算する　*15*　　1.5.4　I-T相関分析　*16*
　　1.5.5　自尊心の得点化　*17*

1.6 本章で取り上げた心理学をもっと勉強するために……17

Quiz……**19**

第2章 対人認知の構造を明らかにする —— 因子分析　20

- 2.1 他者への印象形成と対人認知次元 …… 20
    - 2.1.1 対人印象の形成　20　　2.1.2 対人認知構造　21
- 2.2 因子分析 …… 22
    - 2.2.1 対人印象の測定　22　　2.2.2 因子分析は何をする方法か　23
    - 2.2.3 因子分析のからくり1 —— 項目間の相関係数　24
    - 2.2.4 因子分析のからくり2 —— 因子負荷量の推定　25
- 2.3 因子の推定 …… 26
    - 2.3.1 因子分析の実行例　26　　2.3.2 因子分析の推定方法　27
    - 2.3.3 どの方法を使えばいいの？　28
- 2.4 因子が複数ある場合の因子分析 …… 29
    - 2.4.1 因子が2つある場合　29　　2.4.2 2因子モデルの推定　29
    - 2.4.3 因子軸の回転　30　　2.4.4 因子軸の回転方法　31
    - 2.4.5 直交回転と斜交回転　32　　2.4.6 因子間相関　33
    - 2.4.7 因子パターンと因子構造　33
    - 2.4.8 直交，斜交のどちらの回転を使えばいいの？　33
- 2.5 因子数の決定方法 …… 34
    - 2.5.1 因子数決定の基準　34　　2.5.2 どの基準が一番妥当なのか　35
- 2.6 因子分析を行ううえでの注意点 …… 36
    - 2.6.1 不適解とその対処　36　　2.6.2 因子の解釈　36
    - 2.6.3 先行研究と同じ因子数や因子負荷量が再現されないとき　37
- 2.7 本章で取り上げた心理学をもっと勉強するために …… 38
- Quiz …… 39

第3章 他者への期待や信念の類型化 —— 尺度の信頼性と妥当性　40

- 3.1 他者一般に対する信念 …… 40
    - 3.1.1 成人の愛着スタイル　40　　3.1.2 成人の愛着スタイルを測定する尺度　42

3.1.3　愛着スタイル尺度の短縮版を作ってみる　*42*

3.2　測定した構成概念の得点化……43
3.2.1　サンプルデータ（人工データ）　*43*　　3.2.2　因子分析による因子得点の推定　*44*

3.2.3　尺度得点（簡便的因子得点）の推定　*45*　　3.2.4　発展的な因子得点の推定法　*46*

3.2.5　短縮版愛着スタイル尺度の尺度得点　*46*

3.3　尺度を評価する1 —— 信頼性……47
3.3.1　信頼性係数　*48*　　3.3.2　信頼性の二側面　*49*

3.3.3　安定性についての信頼性係数　*50*　　3.3.4　一貫性についての信頼性係数　*50*

3.4　尺度を評価する2 —— 妥当性……51
3.4.1　従来の妥当性の考え方　*52*　　3.4.2　近年の妥当性の考え方　*53*

3.4.3　妥当性の検証　*54*　　3.4.4　信頼性と妥当性の関係　*54*

3.5　本章で取り上げた心理学をもっと勉強するために……55

Quiz ……56

第4章　似ている人は好き？—— 単回帰分析　　57

4.1　人を好きになること —— 対人魅力……57
4.1.1　対人魅力とは　*57*　　4.1.2　類似性魅力仮説　*57*

4.2　回帰分析で類似性魅力仮説を検証する……59
4.2.1　説明変数が1つの回帰分析 —— 単回帰分析　*59*

4.2.2　回帰係数と切片の推定　*60*　　4.2.3　回帰係数の信頼区間　*62*

4.2.4　回帰係数の有意性検定　*63*

4.3　予測力を評価する……64
4.3.1　予測値と残差　*64*　　4.3.2　決定係数　*66*

4.4　回帰分析を実行するための前提……68
4.4.1　回帰係数の標準誤差を正しく推定するための条件　*68*

4.4.2　残差が独立でない場合　*68*　　4.4.3　残差の分散が均一でない場合　*69*

4.4.4　残差の分布が正規分布でない場合　*71*

4.5　本章で取り上げた心理学をもっと勉強するために……71

Quiz ……72

第5章 一緒にいたい気持ちを予測する —— 重回帰分析　73

- **5.1** コミットメントを予測する投資モデル …… 73
  - 5.1.1 コミットメントとは　73
  - 5.1.2 コミットメントを予測する —— 投資モデル　73
  - 5.1.3 投資モデルを検証する　75
- **5.2** 重回帰分析で予測する …… 75
  - 5.2.1 データ　75　　5.2.2 偏回帰係数　76　　5.2.3 投資モデルの検証　78
- **5.3** 説明変数の影響力を比較する …… 80
  - 5.3.1 効果量と標準化偏回帰係数　80　　5.3.2 自由度調整済み決定係数　83
  - 5.3.3 目的変数と説明変数の相関係数を確認する　84
  - 5.3.4 相関係数と標準化偏回帰係数が異なるメカニズム　85
- **5.4** 多重共線性の問題とその解決 …… 86
  - 5.4.1 多重共線性とは　86　　5.4.2 説明変数の投入方法　88
- **5.5** 本章で取り上げた心理学をもっと勉強するために …… 89
- **Quiz** …… 90

第6章 集団への所属意識を予測するものは？ —— 準実験と共分散分析　91

- **6.1** 社会的アイデンティティ理論 …… 91
  - 6.1.1 最小条件集団実験　91　　6.1.2 社会的アイデンティティ　92
  - 6.1.3 現実集団で社会的アイデンティティを予測する　93
- **6.2** 実験と準実験 …… 94
  - 6.2.1 実験室実験の特徴　94　　6.2.2 準実験　96　　6.2.3 剰余変数の統制　97
- **6.3** 共分散分析 …… 98
  - 6.3.1 不等価群事前事後テスト計画の分析　98
  - 6.3.2 共分散分析による統計的統制　99
- **6.4** 共分散分析と重回帰分析の関係 …… 102
  - 6.4.1 ダミー変数　102　　6.4.2 重回帰分析による分析　103

6.4.3　複数の共変量がある場合　*104*　　6.4.4　共分散分析の仮定　*104*

6.5　本章で取り上げた心理学をもっと勉強するために …… **105**

Quiz …… **106**

第7章　リーダーシップ・スタイルの相乗効果 ── 階層的重回帰分析と調整分析　107

7.1　リーダーシップ理論 …… **107**

7.1.1　リーダーシップとは　*107*　　7.1.2　リーダーシップ・スタイル　*108*

7.1.3　PM理論　*108*　　7.1.4　リーダーシップ・スタイルの測定　*109*

7.2　階層的重回帰分析 …… **110**

7.2.1　仕事へのやる気をリーダーシップ・スタイルが予測するか　*110*

7.2.2　階層的重回帰分析　*111*

7.3　重回帰分析の交互作用効果（調整効果）の検討 …… **113**

7.3.1　リーダーシップ・スタイルの足し算モデルと相乗効果モデル　*113*

7.3.2　調整分析の実際　*115*

7.4　単純効果分析 …… **119**

7.4.1　単純傾き　*119*　　7.4.2　単純傾きの検定　*121*

7.4.3　単純効果分析のグラフ表示　*122*　　7.4.4　いろいろな調整効果　*123*

7.5　本章で取り上げた心理学をもっと勉強するために …… **123**

Quiz …… **125**

第8章　心の文化差を説明する ── 媒介効果の分析　126

8.1　文化による心の違い …… **126**

8.1.1　文化によって心が違う？　*126*

8.1.2　一般的信頼の文化差と社会関係の流動性　*127*

8.2　媒介分析 …… **128**

8.2.1　媒介変数と直接効果・間接効果　*129*　　8.2.2　媒介分析の手続き　*130*

8.2.3　媒介分析の実行　*131*

8.3 間接効果の検定 …… 133
  8.3.1 ソベル検定 　*133* 8.3.2 ブートストラップ法による検定 　*134*
  8.3.3 ブートストラップ法の注意点 　*137*
8.4 媒介分析の実践 …… 138
  8.4.1 媒介分析の報告方法 　*138* 8.4.2 解釈しづらい媒介効果について 　*139*
8.5 この章で取り上げた心理学をもっと勉強するために …… 140
Quiz …… **141**

付　　録

各章のQuizの解答 …… 142

索引 …… *146*

心についての構成概念の測定 —— 態度測定法

1.1 構成概念と態度

1.1.1 構成概念とは

　科学的研究では，目に見える物，すなわち直接観察できる物以外に，観察できない物を対象に研究することがあります。たとえば，中学校のときに習ったと思いますが，「物の動き」を説明するために，「力」や「エネルギー」という言葉を使います。「強い力がかかったから，物が速く動いた」「大きいエネルギーを持った台風だから，風が強い」といった感じです。力は「長さ」や「重さ」のように直接観察することができませんが，「物の動き」を説明するのにとても便利です。このように，直接観察できなくても，それを仮定すると現象を説明するのに便利な科学的な道具を，構成概念とよびます。

　心理学でも，「力」のような構成概念を仮定します。心理学は，人や動物の行動を観察し，またそれを説明・予測する学問です。しかし，目に見える行動だけを扱っているわけではありません。たとえば，「動機」という言葉があります。「何かをしたい」という，行動をする前の心理状態を表した構成概念です。「親和動機」というのは，「人と仲良くなりたい」という心の状態です。心理学でも構成概念を行動の背後に仮定すると，心理現象を説明する，そして行動を予測するのに便利です。「こういう動機があったから，ああいう行動をしたのだ」という説明・予測ができるからです。

　第1章では，社会心理学で中心的に扱われる心の構成概念について説明し，心の構成概念を測定するための方法について学びます。

1.1.2 社会的態度

　社会心理学は，人の社会行動の説明と予測を目的とした学問ですから，社会行動を説明できるような構成概念を仮定します。社会心理学において特に重要視している構成概念は，社会的態度（social attitude），あるいは単に態度とよばれるものです[*1]。態度と聞くと，授業態度のように，姿勢や心構えのようなものをイメージするかもしれません。しかし，社会心理学に

おける態度は，少し意味合いが異なります。

態度の定義はさまざまですが，オールポート（Allport, 1935）の有名な定義を紹介しておきましょう。

> **オールポートの態度の定義**
> 経験を通じて体制化された心理的あるいは神経生理的な準備状態であって，生活体が関わりを持つすべての対象や状況に対する，その生活体自体の行動を方向づけたり変化させたりするものである。

なんだか長くてややこしいので，この定義を少し整理してわかりやすくしてみましょう。態度は上の定義によれば，以下の2つに分けられます。

① 人が経験を通して獲得する心の準備状態
② 人の周りの対象に対する行動を，起こさせたり変えたりするもの

①の定義は，態度とは，「人が生まれながらに持っているものではなく，経験によって身につけたものである」ということです。たとえば，体の特徴などはほぼ遺伝的な影響によって決まりますが，態度はその人が育った環境によって大きく変わります。

②の定義は，「人にとって関わりのある対象に向けて行動させるもの」です。この対象とは，人でもよいですし，集団や価値，制度など，さまざまなものを含みます。そのようなさまざまな対象に対して行動を起こさせるものが，態度です。ここでいう「行動を起こさせる」とは，たとえば「その対象に接近して働きかける，あるいはその対象を回避して遠ざかること」を意味します。

態度の典型的な例は，人に対する好意でしょうか。あなたが人を好きになれば，「その人に会いたい」と思うでしょうし，実際にその人に接近する行動をとるでしょう。あるいは，その人が困っていたら助けたくなるでしょう。逆に人を嫌いになれば，その人から離れたくなったり，嫌がらせをしたくなったりするかもしれません。

このように態度とは，誤解を恐れずに簡単にいえば，「物や人をどれくらい好きか」というように理解することもできます。好きな人には近づきたいし，嫌いな人からは遠ざかりたい。気に入ったマンガは全巻買いたいし，賛成している政策を打ち出す政党には投票したいなど，態度とはつまり，人や物などの対象に対する「好き・嫌い」「良い・悪い」といった評価を一般化した構成概念といえるでしょう。

---

*1　以後，本書では「社会的態度」を単に「態度」と表記します。

1.1.3 構成概念としての態度

構成概念は直接見ることができないと説明しました。態度も構成概念である以上，目に見えません。他人が誰を好きかを目に見えてわかってしまえば，告白なんて何も緊張することなどないでしょう。

でも，目に見えなくても，態度は行動を説明するうえでとても大事な構成概念です。また，態度は感情や動機などと比べて安定しているとされているので[*2]，人の態度を知ることができれば，その後の行動を予測することができるでしょう。あるいは，なぜその行動をとったのかについて説明することができます。

態度と行動の関係を図示すると，図1-1のようになります。目に見える現実世界では，たとえば「特定のマンガの載った雑誌を定期的に買う」という，図1-1の下部の現象しか観察できません。しかし，人々はその「マンガの載った雑誌を定期的に買う」という行動の背後に，「あの人はそのマンガが好き」という説明を行うでしょう。あるいはそれによって，

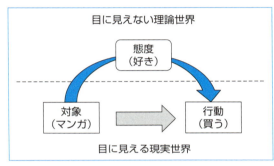

図1-1　構成概念としての態度

「あの人は来月もあのマンガの載った雑誌を買うだろう」という予測もできるかもしれません。「好き」というのは直接目に見えませんが，対象と行動の間を説明・予測するのに便利です。

このように社会心理学では，態度を代表として，目に見える現象（行動）を，目に見えない理論的な構成概念（心理プロセス）によって説明・予測しようとします。そうすることで，人々にとってわかりやすい，使える理論を提供できると考えているのです。

1.2 態度の測定

1.2.1 態度を測定するために

社会心理学では行動を説明・予測するための概念として，人々の行動の背後に態度があると仮定して，理論を作ってきました。すでに説明したように，態度は目に見えませんし，直接観察することはできません。しかし，態度を何とかして測定することができれば，人々の行動をもっと予測しやすくなるはずです。

書店がマンガを注文するときに，みんながどんなマンガが好きか（嫌いか），つまり人々のマ

[*2] 少しの期間でコロコロ変わったりしないので，態度がわかれば行動が予測しやすい，ということを意味しています。

ンガに対する態度を知ることができれば，余計な在庫を抱えることなく効率的に商売ができるでしょう。あるいは，政党も事前に人々の政策に対する態度を理解しておけば，どの地域で政策をアピールすればいいかといった，選挙活動の戦略も立てやすいでしょう。人々の態度を知ることは，研究だけではなく，現実社会でも役立ちます。

　態度を測定するためには，態度を「測定できるかたち」で定義し直す必要があります。そのためには，次に説明する「操作的定義」という手続きが必要になります。

1.2.2　態度を操作的に定義する

　態度は直接観察することができないため，なんとかして，客観的に観察できるものから推定するしかありません。もともと態度は，特定の対象への行動を予測する構成概念です。ですから，理論的には，ある態度からどのような行動が生起されるかは予測できます。

　図1-2を見てみましょう。あるマンガが「好き」，という態度からは，そのマンガを「読む」，そのマンガを「買う」，友だちとそのマンガについて「話す」，などの行動が予測できます。そのマンガを好きではない人は，読んだり買ったりしないはずです。

　この発想を逆にすると，あるマンガを継続的に買っている人，読

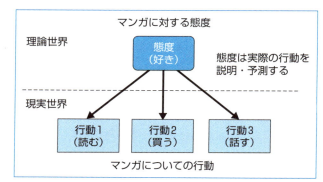

図1-2　マンガに対する態度と，そこから予測できる行動

んでいる人は，そのマンガに対する好意的な態度を持っていると類推できます。すなわち，その人がマンガを継続的に読んだり買ったりしていることを通して，マンガへの態度も間接的に知ることができます。

　このことから，心理学では構成概念を，観察可能ないくつかの行動や意識報告を測定し，その共通点から推定するということを行います。たとえば，数学の学力という構成概念を測定するときには，実際に数学のテストを解かせて，どれほど正解したかで測定します。学力は，もともと問題を解く能力と定義しますが，逆に問題を解くという行動を何回かやらせて，その合計を学力としているわけです。

　社会心理学でも同じように，行動を何回か測定して，行動の全体的な傾向から態度を推定する，という測定方法を使います。たとえば，「あるマンガが好きかどうか」という態度を測定するためには，そのマンガを「読んでいる」か，「買っている」か，友だちとそのマンガの「話をする」か，といった行動を測定します。そして，それらの行動から「マンガがどれほど好きか」という態度を推定し，測定値として利用するわけです（図1-3）。つまり，マンガへの好意を，「マンガを読んだり，買ったり，それについて話したりする行動をする人が持つ態度」というよ

うに，行動から定義するのです。

このように，態度をいくつかの行動によって定義し直すことで，態度を測定可能なものにすることを，操作的に定義するといいます。そして操作的定義とは，概念を内容で定義するのではなく，それをどのように測定（あるいは操作）したかによって定義したものです。操作的定義によって，構成概

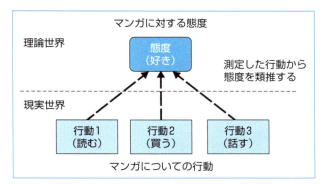

図1-3　複数の行動から態度を類推する

念を観察可能なものに変換できるようになるのです。逆に，操作的に定義しないもともとの構成概念の定義を，概念的定義とよぶことがあります。たとえばマンガへの好意の場合，「マンガへの接近的な行動を引き起こさせる心の準備状態」みたいな定義が，概念的定義にあたります。態度の測定においては，この操作的定義と概念的定義ができるだけ一致するように心がける必要があります。この点については，第3章でより詳しく説明します[*3]。

1.2.3　態度の測定方法

それでは，態度を具体的に測定するための方法について考えてみましょう。態度の操作的定義は，多くの場合，態度によって予測される行動を実際にしているかどうか，によって行われます。マンガを買う，マンガを読む，といった行動を実際に行っていれば，マンガへの好意的な態度を持っている，ということです。

しかし，繰り返し行動を測定するのは，実際には簡単ではありません。そもそも，態度は行動を予測する便利な道具だったのに，態度の測定が難しいのでは意味がありません。では，何度も行うような行動をどのように測定したらよいのでしょうか。

そこで使われるのが，心理尺度による測定方法です。尺度とは，簡単にいえば「ものさし」です。そして心理尺度とは，言葉で質問をすることによって行動を測る「ものさし」です。たとえば，図1-4を見てみましょう。あるマンガをよく読むかどうかについて質問しています。そして，それについて「まったく当てはまらない」から「非常に当てはまる」という，5段階の回答を用意しています。このような，

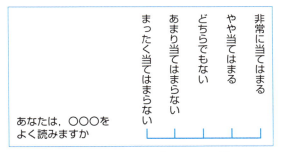

図1-4　心理尺度の例（リッカート法）

---

*3　心理尺度の妥当性のところ（第3章の3.4節）で学習します。

言葉による質問によって行動や考え方を測るものを，**心理尺度**とよびます。特に，図1-4のような尺度のことを，**リッカート尺度（Likert scale）** とよびます。そのほかにも，さまざまな心理尺度のタイプがあります。

　それでは，次節からは，実際に心理尺度にはどのような種類があり，どのように作られているかについて解説していきましょう。

1.3　尺度構成法

1.3.1　心理尺度の特徴

　心理尺度は，心の状態や行動の傾向を何らかのかたちで数値化することが目的です。図1-4の例で紹介したように，ある行動についてよく行っているかどうかを5段階で尋ねることで，行動の頻度を数値化しています。たとえば，「まったく当てはまらない」を1点，「あまり当てはまらない」を2点，といった具合です。

　それでは，なぜ心や行動の傾向を数値化するのでしょうか。それは，数値化することによってほかの人との比較が可能になるからです。ある人は「とってもマンガを読む」と言い，別の人は「すごいマンガを読む」と表現したとしたら，どちらがよりそのマンガを好きなのか比較することは難しいでしょう。でも，ある人のマンガを読む程度が5点で，別の人が4点なら，5点の人のほうがより多くマンガを読んでいることがわかります。比較が可能になれば，第4章以降で解説する回帰分析ように，別の構成概念との関係性も数学的に表現できるようになります。このように，態度を科学的に扱うためには，**数値化**が手っ取り早いのです。

1.3.2　態度を測定するための心理尺度

　それでは，どのように態度を測定・数値化すればよいのでしょうか。そんなの，「あなたはこのマンガをどれくらい好きですか」と直接尋ねればいいじゃないか，と思う人もいるかもしれません。しかし，心理学の概念のやっかいなところは，人によって「好き」という言葉の意味や強度が，ブレている可能性がある点です。よって，心理尺度では，できるだけ人によって解釈のブレない客観的な行動について尋ねるのが望ましいのです[*4]。また，それだけではなく，複数の行動や意見について繰り返し尋ねることも必要です。それは，複数の項目があることで，全体としての「ブレ（**測定誤差**）」を小さくできるからです[*5]。

　社会心理学では，態度を数値化して測定するための心理尺度の構成方法として，**態度測定法**という方法論が確立しています。態度測定法はその名のとおり，どのように構成概念としての

---

*4　ただし，言葉で行動の程度を尋ねるのですから，厳密には客観的な測定になっていない点に注意しておく必要があるでしょう。
*5　測定誤差については第3章で学習します。

態度を数値化するかについて考え抜かれた方法論です。代表的な方法として、「サーストン法（等現間隔法）」「リッカート法（評定総和法）」そして「SD法（意味微分法）」の3つがあります。以下ではその3つの方法について説明していきましょう。

1.3.3 サーストン法（等現間隔法）

サーストン法は、サーストン（Thurstone, L. L.）が考えた方法で、行動や意見についての複数の項目についてどの意見に賛成するかを尋ね、あらかじめ得点化しておいた数値を態度得点とする、という方法です。具体的には、図1-5のような尺度です。

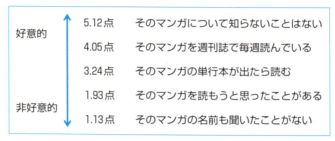

図1-5　サーストン法による尺度の例

図1-5を見ると、特定のマンガについての行動や考え[*6]について、好意的なものから非好意的なものまでが並んでいます。図にある点数は、どれほどそのマンガに対して好意的であるか、非好意的であるかを表しています。点数はそれぞれの項目について、事前にたくさんの人に好意度について回答してもらったときの平均値によって計算します。この事前の調査を行って得点化することで、「ブレ」ている程度をあらかじめ知ることができます。もし人によって評価が違う項目があったのなら、その項目を尺度から省くことができます。また、各項目の点数は、できるだけ等間隔になるようにします。そちらのほうが得点化したときに偏りが小さくなるからです。このことから、サーストン法は**等現間隔法（equal-appearing intervals method）**ともよばれます。

尺度の回答者にはこの実際の点数は知らされず、項目だけを見て、最も自分の行動や意見に合うものを選択してもらいます。選んだ項目の点数が、その人の態度得点になるのです。複数の項目に当てはまる人は、それらの項目の得点の平均値を態度得点とします。

サーストン法の利点は、他の尺度構成法に比べて、少ない項目数で態度を測定することができることです。項目数が少なくてよいということは、調査票のスペースを節約できるうえに、回答者の負担も少なくなるというメリットがあります。

しかし、欠点もいくつかあります。ひとつは、態度が一次元であると仮定していることです。

[*6] ある対象について態度を表明することを「意見」とよびます。意見は、態度について言葉で表明した一種の行動です。

「一次元である」とは，測定しようとしている態度が，たとえば「好き−嫌い」の軸だけで表現できると仮定することです。しかし，マンガの好みはそれほど単純ではなくて，「話が面白い−つまらない」「絵が上手−下手」といった複数の評価軸があるでしょう。この次元性については，第2章で詳しく説明します。

　もうひとつは，尺度を作るのが大変，ということです。各項目の点数を定めるためには，事前にたくさんの人に行動や意見について好意度を聞いておく必要があります。また，項目を正確に，そして等間隔に点数化するためには，かなり多くの行動や意見の項目を用意しておく必要があります。項目によっては，人それぞれ好意度がバラついているものがあるでしょう。そういう項目は省かなければなりません。できるだけ分散が小さく，平均値が等間隔になるような項目を選抜しなければいけないのです。

　これらの欠点から，実は現在，あまりサーストン法は使われていません。今の心理尺度の主流は，次に説明するリッカート法です。とはいえ，概念の一次元性が確認できている場合は，サーストン法は今でも有効な尺度構成法であることには変わりないことを強調しておきます。

1.3.4 リッカート法（評定総和法）

　リッカート法は，リッカート（Likert, R.）が考案した尺度構成法です。リッカート法は，図1-6のように複数の項目について尋ね，それぞれの項目で得点化します。そして，それらの合計得点（あるいは平均値）をもって態度得点とする方法です。

　リッカート法はサーストン法と違って，個々の項目の点数化の精度はよくありません。なぜなら，サーストン法は，事前にたくさんの人に聞いたうえで得点を決めているのに対し，リッカート法では，たくさんの人ではなく回答者1人が評価した点のみを得点として用いるので，項目ごとの測定は荒くなります。

　しかし，リッカート法は測定の誤差を小さくするために，サーストン法とは違って，たくさんの質問を回答者に求めます。すると，1項目ではブレている得点も，複数項目を集めること

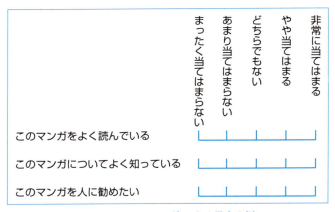

図1-6　リッカート法による尺度の例

によって測定誤差を小さくできるのです。たとえば，英語の能力を知るのに，5問だけ答えさせるのと，50問答えさせるのでは，測定できる英語能力の正確さが違うのがわかるでしょう。リッカート法は項目の数を増やすことによって，正確に測定しようとしている方法なのです。

　リッカート尺度の利点は，第一に，作成が簡単なことです。理論的には，態度から予測できる行動をたくさん集めて項目にすれば，とりあえずは尺度ができあがります。もちろん，より正確な尺度にするためにはさまざまな工夫がいりますが（第3章で述べます），サーストン法のように事前にたくさんの人に調査しておく必要がないのは，大きな利点です。

　また，サーストン法と違い，多次元の評価軸を推定することができます。この点については，第2章で詳しく解説します。

　しかし欠点もあります。ひとつは，質問項目が多くなり，回答者の負担が大きくなることです。サーストン法は尺度を作ってしまえば回答者は簡単に答えることができますが，リッカート法は回答者に何度も質問しないといけないので，回答漏れがあったり，いい加減に答えられたりする危険性があります。また，リッカート尺度は間隔尺度としての条件である，「点数の等間隔性」が成り立たないことも少なくないのです。つまり，1ランク水準の低い，順序尺度[*7]としてしか扱えない場合もあります。すると，回答者の評定を合計できなくなり，態度を数値化できないことになってしまいます。

　リッカート法を用いるときは，図1-6にあるような「やや当てはまる」や「非常に当てはまる」といったラベルをどのようにつけるかも，重要なポイントになります。あまり極端なラベル（たとえば，「めちゃくちゃ当てはまる」など）をつけると，等間隔性が満たされなくなったり，得点の分布が偏ったりします。これについては本章の1.5節で改めて解説します。

1.3.5　SD法

　SD法は，Semantic Differential（セマンティック・ディファレンシャル）法の略で，**意味微分法**ともよばれるものです。この方法がサーストン法やリッカート法と異なるのは，図1-7のように，文章ではなくて形容詞対を用いる点です。あるマンガへの態度を形容詞の対（次元）で表現し，それぞれの対でどのような印象を持っているかを測定します。たとえば，

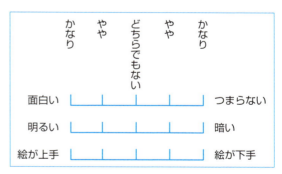

図1-7　SD法による尺度の例

「面白い-つまらない」の次元でいえば，5段階でどこに位置づけられるかを尋ねるわけです。

　SD法による尺度を作成するうえで最も重要な点は，どのような形容詞対を用いるか，という

---

*7　本シリーズ第1巻『心理学のための統計学入門』を参照してください。

点です。形容詞対の選定は，大山ら（1971）によれば，以下のような11の基準があります。

> **形容詞対の選定基準**
> ① 多義的な形容詞対は避ける。
> ② すべての刺激に共通した特性を示す形容詞は不適当。
> ③ 適切な反対語がない場合，あるいは反対語が他の語の反対語と共通してしまう場合には，その形容詞は使わない。
> ④ ほとんど意味内容の違わない形容詞は1つにまとめる。
> ⑤ 専門家が特別な意味に用いるような語は避ける。
> ⑥ 抽象的，論理的な形容詞よりも，わかりやすい感覚的・直感的な形容詞を選択する。
> ⑦ 調査目的が推測されてしまうようなものは用いない。
> ⑧ 過去の研究で用いられた語を生かす（比較のため）。
> ⑨ 類似した語が集中しないように，できるだけ変化に富ませる。
> ⑩ 価値に関する語に偏らないようにする。
> ⑪ 調査目的に直接関係がなくても，SD法の基本尺度とされているものは入れる。

　このように，形容詞対の作成には，気をつけなければならない点がたくさんあります。まずは，調査対象となるできるだけ多くの人に，態度を測定したい概念についての印象を，形容詞で聞いておくとよいでしょう。たとえば，マンガについての態度を測定したいのなら，マンガへの印象を形容詞（場合によっては形容動詞も）で答えてもらう，などです。そうすれば，「面白い」「絵がうまい」などの単語を収集できるでしょう。

　SD法の利点は，複数の刺激に対して同じように測定できる点があります。たとえば，マンガの中でも，『ONE PIECE（ワンピース）』や『NARUTO―ナルト―』といった特定のマンガへの印象を測定したい場合でも，同じ形容詞対を用いて測定することができます。リッカート法のように文章を用いる方法だと，対象によっては当てはまらなかったり，表現を変えなければならなかったりする場合も出てくるため，その点，SD法は便利です。

　一方，欠点としては，形容詞対の作成が難しい場合があることです。反対語となるような言葉が見つからなかったり，他の語の反対語と区別がつかなかったりすることがあります。一度作ってしまえばいろいろな対象に適用できるのですが，作るまでがリッカート法に比べて困難です。

1.4　態度を測定する ── 自尊心を例に

　ここまでは尺度の種類について説明してきましたが，実際に尺度を使って態度を測定することを考えてみましょう。本章では，リッカート法を用いた態度測定法について説明します。

1.4.1 自尊心の測定

ここで扱う構成概念は，自尊心という概念です。自尊心あるいは自尊感情という言葉を聞いたことがある人もいるでしょう。自尊心は，社会心理学では最もよく測定される構成概念のひとつです。

自尊心の定義はさまざまですが，簡単にいえば「自己に対して持つ肯定的な態度」です。つまり，自分が自分をどれほど好ましいか，あるいは価値があると思っているか，を意味しています。自尊心には態度と同様に強度があり，自尊心が高い人，低い人がいると考えられています。自尊心の高い人は自分に自信があり，価値があると思っており，自尊心が低い人は自分に自信がなく，自分が価値ある存在だと思えない傾向にあります。

また，自尊心は状況によって変化する側面と，比較的安定している側面があるといわれています。状況によって変化する自尊心を状態自尊心，安定している自尊心を特性自尊心とよびます。状態自尊心は，試験の成績が悪くて一時的に自信を失ったとか，人に褒められてうれしくなったときのように，外部からの刺激によって変化した自尊心のことです。特性自尊心は，自分の価値を認められるパーソナリティをもともと持っているかどうか，という個人差を表す自尊心です。

このような自尊心を測定するための尺度もすでに作成されており，よく利用されています。最も有名なのは，ローゼンバーグ（Rosenberg, 1965）のRosenberg Self Esteem Scaleです。この尺度は日本語にも翻訳されていて，社会心理学では山本ら（1982）の自尊感情尺度がよく用いられます。自尊感情尺度は，状況と特性の両方の自尊心を反映するものとして考えられていますが，どちらかといえば特性自尊心を測定する場合に用いられているようです。自尊感情尺度は10項目からなり，表1-1のような評定をリッカート法で行います。それでは，この表1-1の自尊感情尺度を見ながら，尺度作成における注意点をいくつか指摘しておきましょう。

表1-1 自尊感情尺度

以下の特徴のそれぞれについて，あなた自身がどの程度当てはまるかをお答えください。ほかからどう見られているかではなく，あなたが，あなた自身をどのように思っているかを，ありのままにお答えください。
1. 少なくとも人並みには，価値のある人間である。 2. いろいろな良い素質を持っている。 3. 敗北者だと思うことがよくある。　R 4. 物事を人並みにはうまくやれる。 5. 自分には自慢できるところがあまりない。　R 6. 自分に対して肯定的である。 7. だいたいにおいて自分に満足している。 8. もっと自分自身を尊敬できるようになりたい。　R 9. 自分はまったくだめな人間だと思うことがある。　R 10. 何かにつけて自分は役に立たない人間だと思う。　R

●**教示文**● 自尊感情尺度には，「以下の特徴の〜」という文章で始まる，尺度の回答方法についての説明があります。この文章は，測定したい概念である自尊心をきちんと測るために，「あなたがあなた自身をどのように思っているか」について，という限定を行っています。このように，測定したい概念とは違うものが測定されてしまわないように，教示文の作成にも注意が必要です。

●**項目内容**● 尺度項目は，測りたい構成概念の概念的定義を，しっかりふまえながら作成する必要があります。自尊心は自己に対する肯定的な態度ですから，「自分自身の評価や価値」に関する項目が並んでいるのがわかります。しかし，自尊心は，よく似た概念である自己愛とは区別されると考えられています。つまり，「自分のことが好き」だとか，「他人に自分のことをよく見られたい」といった項目は，含まれていません。

　なお，自尊感情尺度は，わが国では，項目8だけは他の項目との相関関係が弱いことがわかっています。それは，項目8だけは「〜になりたい」という願望を表現していますが，他の項目は自分への評価に関する項目になっているからだと考えられます。このように，内容が妥当でも，文章表現によってはうまく測定できないこともあるので注意が必要です。

●**逆転項目**● 項目の最後にRのついているものを，逆転項目といいます。逆転項目とは，本来測定したい態度とは逆の意味の文章になっている項目のことを指します。たとえば項目3を見ると，「敗北者だと思うことがよくある」という，自分を否定的に評価する項目になっています。逆に，測定したい態度と同じ意味の方向になっている項目を，順項目といいます。

　なぜこのような逆転項目を尺度に含めるのかといえば，全部の項目が似たような意味の文章になっていると，回答者がすべての項目に同じ点数をつけてしまったり，あまり文章を深く読まなくなってしまったりすることがあるからです。ときおり逆転項目を入れることによって，回答者にきちんと文章を読んで回答してもらうことができるようになります。

　ただ，逆転項目は場合によっては，回答者に順項目とは別の概念として受け取られることによって，態度が一次元では測定できなくなることもあります。そうすると，測定したい態度がズレてしまったり，正確に測定できなくなったりします。ですから，逆転項目を入れすぎないようにすることも必要です。

●**反応段階**● これら10項目について，「1. 当てはまらない」「2. やや当てはまらない」「3. どちらともいえない」「4. やや当てはまる」「5. 当てはまる」の5段階で評定を求めます。このように5段階で測定する尺度を，5件法尺度といったりします。

　反応段階数はどれぐらいが最も適切なのかについては，いろいろ議論があります。たしかに反応段階を増やしたほうが，より細やかな強度を測定できるようになります。「はい」と「いい

え」の2つに答えてもらうよりは，5段階のほうが項目の持つ情報量が多いことはすぐわかるでしょう。しかし，あまりに反応段階が多いと，回答者の負担も大きくなります。9段階で尋ねても，「自分に対して肯定的である」という抽象的な質問の場合，1点の違いをなかなか判断しづらいです。回答者の負担が大きくなると，その後の尺度にきちんと答えてもらえなくなったり，回答を放棄されたりすることもあるので，十分な配慮が必要です。

得られる情報量と回答者の疲労は，トレードオフの関係にあります。目的に合わせて5〜7段階あたりを選ぶとよいでしょう。経験的には5段階あたりが使いやすいと思います[*8]。ただ，項目によっては，真ん中の「どちらともいえない」に回答が集中してしまうこともあります。そのようなときには，6件法のように偶数の反応段階にすることによって，この問題を回避することもできます。

1.5 データの性質を知る

1.5.1 データの入力

さて，調査によってデータが得られたら，いよいよデータ分析に入ります。最初に行うのはデータの入力です。調査票によって得られたデータは，縦軸に回答者，横軸に項目という並びで入力します（表1-2を参照）。

また，表1-2の「項目4」列のデータの中にピリオド「.」がありますが，これは欠測データです。欠測データとは，回答者が回答しなかったデータのことです。欠測データを入力するときは，それとわかるように記号を入力することが多いです。どのような記号を欠測の記号にするかは，ソフトウェアによって変わるので注意しましょう。

ここでは，表1-2のサンプルデータを用いて分析の説明を行います。サンプルデータの標本サイズは20人です。データの入力には細心の注意が必要です。せっかく回答者に答えてもらった反応と違った数値を入力してしまっては，元も子もありません。最低でも2回は同じデータを入力し，それらを照合することで，入力間違いがないかを確認しましょう。

さて本節では，項目分析[*9]について解説します。項目分析とは，尺度得点を推定するうえで，各項目がきちんと構成概念を測定できているかをチェックする分析のことです。項目分析によって，うまく概念が測定できていない項目をあらかじめ省く，あるいは次の調査で改良するかどうかを判断します。

[*8] 著者の経験からも，5段階以上に増やしてもそれほど情報量は増えず，回答者の疲労が大きくなるコストのほうが大きいように思います。
[*9] 第4巻第1章も参照してください。

表1-2 サンプルデータ

回答者	項目1	項目2	項目3	項目4	項目5	項目6	項目7	項目8	項目9	項目10
1	5	5	1	4	2	4	3	5	1	1
2	4	4	4	4	4	2	2	4	4	3
3	5	4	4	4	3	2	4	5	2	2
4	3	3	4	.	3	2	2	4	4	4
5	3	4	4	3	2	4	3	5	3	3
6	5	5	2	5	1	5	5	4	3	1
7	5	4	1	4	2	5	4	2	3	2
8	2	2	4	3	4	2	2	1	4	4
9	3	3	2	3	3	3	2	2	4	3
10	4	3	4	3	2	4	4	5	4	3
11	2	3	2	4	3	3	1	3	4	3
12	3	2	5	2	5	2	2	5	5	5
13	3	3	3	4	4	2	2	4	4	4
14	3	3	3	3	3	3	3	4	3	3
15	4	3	3	3	4	3	3	4	3	3
16	3	3	4	2	2	3	2	4	4	3
17	3	3	3	4	3	3	3	4	2	2
18	5	4	3	5	3	4	4	5	2	2
19	4	4	3	4	2	4	4	4	3	2
20	4	4	4	4	3	4	4	2	4	2

1.5.2 各項目のヒストグラムを出力する

まず，項目分析ですべきことは，データの分布を知ることです。そのためには，**度数分布表**や**ヒストグラム**が役立ちます。特に，全体的な分布を形状で理解できるヒストグラムは，尺度の分析で最も基礎的かつ重要なものです。

ヒストグラムとは，データの値ごとに度数を算出し，それぞれを棒グラフにしたものです。図1-8を見てみましょう。これは表1-2の「項目8」と「項目10」のヒストグラムです。ヒストグラムを眺めると，データが歪みなく分布しているかを一目でチェックできます。「項目8」は高い点に偏ってしまっている一方，「項目10」は3点を頂点にほぼ山形になっています。データは**正規分布**という山形の分布になっているほうが望ましいため[*10]，「項目10」のほうが「項目8」より，尺度項目としては望ましい性質を持っているといえます。

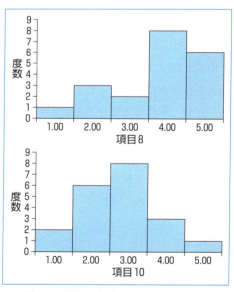

図1-8 項目8（上）と項目10（下）のヒストグラム

1.5.3 各項目の平均値と標準偏差を計算する

平均値と標準偏差の意味や計算方法については，本シリーズ第1巻『心理学のための統計学入門』に詳しいので，そちらを参照してください。ここでは，表1-2にあるような20人分のデータを例に，平均値と標準偏差の算出法を簡単に解説します。

平均値はデータの代表値で，各回答者の得点を全部足して，回答者の人数（標本サイズ）で割ったものです。各回答者の得点をXとすると，以下の式で計算できます。

$$平均値 = \frac{X_1 + X_2 + X_3 + \cdots + X_N}{人数}$$

ただし注意しないといけないのは，欠測がある場合です。このようなときは，全回答者数で割るのではなく，回答した人数で割る，ということです。たとえば，表1-2だと，「項目4」は「回答者番号4」の人が欠測になります。ですから，「回答者番号4」以外の19人分のデータを合計して，19で割る必要があるのです。

次に，標準偏差を計算します。標準偏差はデータの散らばりを表す指標で，平均値からどれほど散らばっているかを表しています。標準偏差は下の式で計算できます[*11]。

$$標準偏差 = \sqrt{\frac{(X_1 - 平均値)^2 + (X_2 - 平均値)^2 + \cdots + (X_N - 平均値)^2}{人数 - 1}}$$

それでは，各項目の平均値と標準偏差を見てみましょう。表1-3のように，各10項目の平均値は2〜4点の範囲に収まっており，極端に平均値が高い項目や低い項目はないことがわかります。もし仮に，5件法で平均値が4.5点を超えるような項目があれば，ほとんどの人が5点中4点か5点をつけている，ということです。そのような，平均値が極端に高い項目は**天井効果**が，平均値が極端に低い項目は**床効果**が出ているといいます。

これらは，本来はもう少し点数を高く（低く）評価しうる人でも，尺度の最高点（最低点）以

表1-3 各項目の平均値と標準偏差，I-T相関分析の結果

変数名	平均値	標準偏差	I-T相関
項目1	3.65	0.99	.75
項目2	3.45	0.83	.85
項目3	3.20	1.11	.72
項目4	3.58	0.84	.80
項目5	2.90	0.97	.75
項目6	3.25	1.02	.70
項目7	2.95	1.05	.76
項目8	3.75	1.21	.00
項目9	3.30	0.98	.69
項目10	2.75	1.02	.94

[*10] 第2章で解説します。
[*11] 第1巻で学んだように，「人数−1」で割った不偏分散の平方根のほうが，母集団の標準偏差に近くなります。Excelの関数で計算する場合は，STDEV.S（ ）を使います。STDEV.P（ ）とは違うので注意してください。

上に点数がつけられないため，最高点（最低点）に多くの人が集まってしまう現象です。たとえば，大学生に中学1年生の問題を解かせてみんながほぼ100点を取ってしまったとき，それを天井効果とよぶのです。「項目8」は，図1-8（上）や表1-3でわかるように，全体的には点数が高いほうに偏っており，やや天井効果が生じているといえます。尺度は態度の個人差を測定することを目的としているので，あまりに極端な天井効果や床効果が起きている項目は，尺度の中に含めるのは不適切です。

　標準偏差の値にも注意が必要です。標準偏差が極端に低い項目は，みんなが同じ値に点数をつけているということです。このような項目は，個人差を測定できていません。逆に，大きすぎる標準偏差を持つ項目は，山形の分布ではなく谷型になってしまっている可能性があるので，やはり注意が必要です。

　すでに述べたように，項目の性質を知るうえで，ヒストグラムを見ることがとても重要です。ヒストグラムと同時に平均値や標準偏差を見ることで，データに天井効果，床効果が生じていないかを確認します。

　データが低い点，高い点にあまりに偏っている項目は，質問項目そのものを見直す必要があるかもしれません。たとえば「あなたはいつもこのマンガを読んでいますか？」という項目があったとします。すると回答者は，「いつもではないな……」と思って，低い点をつけるかもしれません。そのような理由で床効果が生じていると判断すれば，「あなたはよくこのマンガを読んでいますか？」というように，やや強度を低くした質問に変えることで，分布を改善できることがあります。

1.5.4　I-T相関分析

　次に，各項目が同じ構成概念を測定できているかを確認するために，**I-T相関分析（item-total correlation analysis）**を行うことがあります。I-T相関分析とは，各項目と，項目の合計得点との相関係数[*12]を計算して，項目ごとに尺度への貢献度を評価するものです。もし合成得点との相関が低い場合，その項目は同じ構成概念を測定できているといえません。

　ここでは欠測データがあるので，合計得点ではなく，合計得点を回答項目数で割った平均得点との相関を求めます（4番目の調査参加者は回答項目数が9なので，9で割ります）。ただし，すでに述べたように自尊感情尺度には逆転項目があるので，それらの得点は反転しておく必要があります。5件法の場合は，6点（最大値＋1点）から項目の得点を引いたものに変換してから，尺度項目を平均します[*13]。

　平均得点と各項目の相関係数を計算したものが表1-3です。ほとんどの項目は相関係数が $r = .60$ 以上あり，同じ構成概念を測定できていたことがわかります。しかし，「項目8」のみ，かなり相関係数が小さいようです。これは，「項目8」だけが「自分を尊敬できるようになりた

---

*12　第1巻を参照してください。
*13　逆転項目の処置については，第3章でも詳しく解説します。

1.5.5 自尊心の得点化

さて，項目分析の結果，自尊感情尺度の「項目8」を除いては，極端に悪いものはないようです。ただし，本来は今回のような20人という小さい標本サイズではなく，50，100といった大きな標本を取って項目分析を行う必要があります。

その人の自尊心の得点が何点ぐらいなのかを知るためには，項目ごとに点数を見るのではなく，何らかの方法で項目から態度得点を推定する必要があります。最もよく用いられるのは，今回そうしたように，尺度項目の平均値を自尊心の得点とする方法です。しかし，尺度項目の平均値が，測定したい構成概念の個人差を反映したものであるかについては，さまざまな角度で検証する必要があります。

まず，構成概念をより反映した項目とそうでない項目が，混在していることがあります。自尊感情尺度についていえば，「項目8」は，測定しようとしているものが他の項目と違っている可能性がありました。その場合，ただ単に項目の平均値を使うのではなく，重みをつけて態度を推定したほうがいいのかもしれません。項目ごとの重みをつけて態度を推定したい場合には，第2章で解説する因子分析という手法を使います。

また，項目の平均値が測定したい構成概念をどれほどしっかり反映しているか，評価する必要があります。今回はI–T相関分析を紹介しましたが，それよりももっと洗練された方法があります。その評価の基準や方法については，第3章で詳しく解説します。

1.6 本章で取り上げた心理学をもっと勉強するために

態度は社会心理学における中心的な構成概念で，20世紀には数多くの研究が行われました。その中には，態度の構成要素について，態度の測定方法について，そして態度を変容させる方法[*14]について，などの研究があります。

態度について解説している文献を挙げておきます。たとえば，池田ら（2010）の6章（態度と態度変容）は，わかりやすくまとめられています。この文献には，本章では取り上げなかった態度の構造や，潜在的態度の測定についても触れています。

続いて，自尊心も社会心理学でよく測定される構成概念です。自尊心が違うことで，社会的な行動もいろいろ異なってくることがわかってきました。自尊心については，池上・遠藤（2009）の6章（自己評価）が詳しいです。それ以外にも，自尊心はさまざまな文献に紹介されています。

[*14] 社会心理学ではこれを説得といいます。

【文献】

Allport, G. W. (1935). Attitudes. In C. Murchison & M. A. Worcester (Eds.), *A Handbook of Social Psychology*. Clark University Press. pp.789-844.
池田謙一・唐沢 穣・工藤恵理子・村本由紀子 (2010). 社会心理学. 有斐閣
池上知子・遠藤由美 (2009). グラフィック社会心理学 (第2版). サイエンス社
大山 正・池田 央・武藤真介編 (1971). 心理測定・統計法. 有斐閣
Rosenberg, M. (1965). *Society and the Adolescent Self-Image*. Princeton University Press.
山本真理子・松井 豊・山成由紀子 (1982). 認知された自己の諸側面の構造. 教育心理学研究, **30**(1), 64-68.

問1：概念を内容で定義するのではなく，それをどのように測定したかによって定義したものを何とよびますか。

問2：リッカート法による尺度では，なぜ項目数を多くする必要があるのでしょうか。

問3：5，4，2，7，3の平均値と標準偏差を計算してください。

問4：表1-2のデータから，「項目1」のヒストグラムを作成してみましょう。

表（表1-2を再掲）

回答者	項目1	項目2	項目3	項目4	項目5	項目6	項目7	項目8	項目9	項目10
1	5	5	1	4	2	4	3	5	1	1
2	4	4	4	4	4	2	2	4	4	3
3	5	4	4	4	3	2	4	5	2	2
4	3	3	4	.	3	2	2	4	4	4
5	3	4	4	3	2	4	3	5	3	3
6	5	5	2	5	1	5	5	4	3	1
7	5	4	1	4	2	5	4	2	3	2
8	2	2	4	3	4	2	2	1	4	4
9	3	3	2	3	3	3	2	2	4	3
10	4	3	4	3	2	4	4	5	4	3
11	2	3	2	4	3	3	1	3	4	3
12	3	2	5	2	5	2	2	5	5	5
13	3	3	3	4	4	2	2	4	4	4
14	3	3	4	3	3	3	3	3	3	3
15	4	3	3	3	4	4	3	4	3	3
16	3	3	4	2	2	3	2	4	4	3
17	3	3	3	4	3	3	3	4	2	2
18	5	4	3	5	3	4	4	5	2	2
19	4	4	3	4	2	4	4	4	3	2
20	4	4	4	4	3	4	4	2	4	2

第2章 対人認知の構造を明らかにする ── 因子分析

第1章では，態度という構成概念，そして自己への態度である自尊心を，どのように測定するのかについて学びました。本章では，他者に対して持つ態度である対人的な印象がどのように形成されるのかについて学ぶと同時に，構成概念の構造を明らかにする手法である因子分析について解説します。

2.1 他者への印象形成と対人認知次元

2.1.1 対人印象の形成

ある人のことが好きかどうか，つまり人に対する肯定的な態度は，どのように形成されるのでしょうか。相手のことを何も知らずに好きになる，いわゆる「一目惚れ」という現象がありますが，多くの場合は相手の人格や性格を知ったうえで，好きになったり嫌いになったりすることが多いでしょう。他者への態度の形成は，私たちがどのように他者を理解しているのかという問題と，密接に関わっています。

私たちは他者を理解するとき，無意識のうちに「人の性格をこのように理解しよう」という枠組みを使っています。たとえば，初対面の人でも「あの人は面白い人だよ」と誰かから紹介されたら，その情報だけで「その人はきっと社交的で，人当たりがいい人に違いない」と思うかもしれません。私たちは限られた情報からでも，「こういう特性を持っている人は，だいたいこんな人だろう」という，パーソナリティについての信念を用いて他者を理解しています。これを，ブルーナーとタジウリ（Bruner & Tagiuri, 1954）は，暗黙の人格理論とよびました。

また，アッシュ（Asch, 1946）は，人の印象形成について研究を行いました。それによると，「温かい」や「冷たい」という形容詞が，人への印象を決める「中心的な特性」であることがわかりました。具体的には，「あの人は温かい人だよ」と紹介されたら，たとえほかに「いいかげん」や「頭が悪い」という情報があったとしても，全体としては「良い人」という印象が持たれるということです。逆に，「冷たい人だよ」と紹介されたら，ほかにどんな良い特性があっても，何となく「嫌な人」という印象を持たれてしまいます（図2-1）。

これは，「温かい−冷たい」という印象次元が，他者の印象全体を決めてしまうほど重要であ

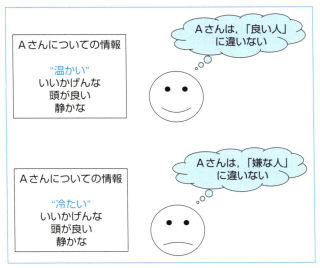

図2-1　中心特性による対人印象の形成

る一方，それ以外の次元は，部分的な影響しか持たないことを意味しています。私たちは中心的な特性をもとに，他者の印象を決めているといえます。

2.1.2　対人認知構造

人を判断する認知的枠組みには個人差もありますが，どうやら人々に共通する構造もあることもわかってきました。たとえば，ローゼンバーグら（Rosenberg et al., 1968）は，対人的な印象を形成する基本的な認知次元として，「社会的望ましさ」と「知的望ましさ」の2次元を見出しました（図2-2）。

また，フィスクら（Fiske et al., 2007）は，人々が他者や他集団を評価するときに，「温かさ」と「有能さ」の2つの次元に位置づけていると考えました。「温かさ」次元は相手が自分にとって味方になってくれるかどうかを，「有能さ」次元は相手が自分に対して助けてくれる能力があるかどうかを判断するのに役立つとされています。フィスクらによれば，ローゼンバーグらのいう「社会的望ましさ」は「温かさ」次元に，「知的望ましさ」

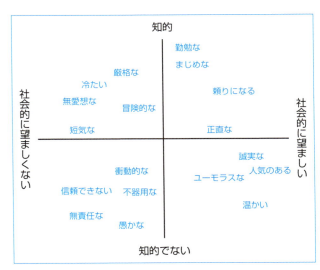

図2-2　ローゼンバーグらの対人認知の2次元

は「有能さ」次元と対応します。

　日本では林（1978）が，対人認知次元には「個人的親しみやすさ」「社会的望ましさ」「力本性（りきほんせい）」という3次元があると考えました。「個人的親しみやすさ」とは，温かさ，やさしさ，愛想のよさなどと関係する次元で，「社会的望ましさ」は，誠実性，道徳性，理知性などと関係する次元です。「力本性」は，外向性，積極性，意欲性などと関係します。

　ところで，これらの研究ではどのような手法で，対人認知の次元が2次元あるいは3次元であることを明らかにしたのでしょうか。それは，次節から解説する，因子分析という手法によって可能になります。

2.2 因子分析

　因子分析（factor analysis）とは，複数の変数の中から少数の次元を探索するための分析手法です。もう少し具体的に説明すると，たとえば尺度項目が10項目であったとします。それらの項目は自尊心のように1次元になっている（10項目はただ1つ自尊心を測定している）かもしれませんし，場合によっては対人認知構造のように2次元，あるいは3次元になっているかもしれません。このように，尺度項目が何次元の構造に位置づけられるか（何個の心理特性を測っているのか）を明らかにする方法が，因子分析です。

2.2.1　対人印象の測定

　それでは，具体的に心理尺度を使って，対人認知の次元を明らかにすることを考えてみましょう。第1章で学んだように，尺度構成法にはサーストン法，リッカート法，そしてSD法があります。今回は対人印象尺度でよく用いられる，SD法による尺度を用います。

　SD法は，形容詞あるいは形容動詞などの単語対を用います。本章では，表2-1のような人柄を表す単語対による対人印象尺度を使って，他者への印象を測定してみましょう。

　調査は200人に，Aさんへの印象について表2-1の項目を使って評価し，すべての項目について5件法で回答してもらいました。結果を表2-2に示します。また，10項目の平均値と標準偏差も表2-3に示します。表2-3を見ると，各

表2-1　対人印象尺度の項目

番号	項目		
項目1	親しみにくい	⇔	親しみやすい
項目2	心の狭い	⇔	心の広い
項目3	近づきがたい	⇔	人なつっこい
項目4	考えの浅い	⇔	思慮深い
項目5	消極的な	⇔	積極的な
項目6	感じの悪い	⇔	感じの良い
項目7	無能な	⇔	有能な
項目8	人の悪い	⇔	人の良い
項目9	知的でない	⇔	知的な
項目10	不誠実な	⇔	誠実な

項目とも平均値が3点前後で，標準偏差も極端なものはありませんでした。ヒストグラム（図2-3参照）も確認すると，どの項目もだいたい山形になっており，特別に偏った分布ではありませんでした。

表2-2 サンプルデータ

番号	項目1	項目2	項目3	項目4	項目5	項目6	項目7	項目8	項目9	項目10
1	1	1	3	1	5	1	3	2	3	2
2	5	3	5	2	4	2	3	2	4	3
3	3	3	4	4	4	4	4	4	3	4
4	4	2	3	2	4	2	3	2	3	2
5	4	4	4	3	4	4	4	4	4	4
6	3	3	3	3	3	3	3	3	3	3
⋮	⋮	⋮	⋮	⋮	⋮	⋮	⋮	⋮	⋮	⋮
198	3	3	3	3	4	3	3	3	3	3
199	2	2	1	2	4	1	1	1	1	2
200	3	4	3	1	2	4	1	4	1	1

表2-3 対人印象尺度の各項目の平均値と標準偏差

番号	項目	平均値	標準偏差
項目1	親しみにくい−親しみやすい	3.12	1.08
項目2	心の狭い−心の広い	3.06	1.04
項目3	近づきがたい−人なつっこい	3.09	1.03
項目4	考えの浅い−思慮深い	2.89	0.92
項目5	消極的な−積極的な	3.69	0.89
項目6	感じの悪い−感じの良い	3.10	1.02
項目7	無能な−有能な	3.21	0.85
項目8	人の悪い−人の良い	3.03	0.88
項目9	知的でない−知的な	3.05	0.92
項目10	不誠実な−誠実な	2.98	0.91

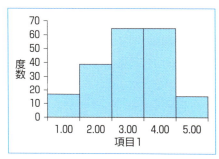

図2-3 項目1のヒストグラム

2.2.2 因子分析は何をする方法か

因子分析では，複数の項目の背景にある次元のことを，**因子（factor）**あるいは**潜在変数**とよびます。因子とは，各項目の得点が生じる元となる構成概念のことをいいます。たとえば，図2-4のようなイメージです。

いま，Aさんへの印象を測定しているとしましょう。対人印象尺度の各項目への反応は「行動」ですから，観測できるものです。目に見える変数を**観測変数**といい，図では四角で表現しています。そして，Aさんへの「態度」は目に見えない構成概念です。目に見えない変数のことを**潜在変数**といい，図

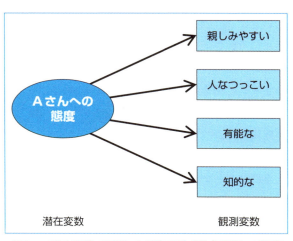

図2-4 潜在変数（因子）と観測変数（尺度項目）の関係

では丸で表現しています。第1章で解説したように,「態度」は直接観測できないので,尺度への反応傾向から類推する必要があります。因子分析は,まさにこの潜在的な構成概念を,「変数」として推定する方法なのです。そして,この推定された潜在的な変数が,因子とよばれるものです。

因子分析では複数の項目の共通部分を抜き出すことで,潜在的な因子を推定します。図2-4の例でいえば,「親しみやすい」「人なつっこい」「有能な」「知的な」という4つの項目に,共通して高い点数に反応させる構成概念として,「Aさんへの（肯定的な）態度」が想定できそうです。この想定は,第1章で説明した態度測定法の考え方と同じです。因子分析は,心理学における構成概念の考え方を,そのまま分析法として応用したような方法であるといえます。

2.2.3 因子分析のからくり1——項目間の相関係数

それでは,どのようにして実際には測定していない潜在的な因子を推定するのでしょうか。そのヒントは,先ほど述べた「各項目の共通部分を抜き出す」という点にあります。つまり,各項目が他の項目とどれくらい似た情報を持っているのかを知ることが,ポイントになります。

変数が同じ情報を持っている程度を表す指標として,相関係数があります。相関係数の詳細については,第1巻『心理学のための統計学入門』を参照してください。ここでは,簡単な解説にとどめます。

相関係数は,2つの変数がどれほど似た情報を持っているかを,「−1～1」の間で指標化したものです。たとえば「親しみやすい」と「人なつっこい」という2つの項目は,どちらも「仲良くなりやすそう」という意味で,他の項目に比べて回答者の反応が似そうです。反応が似ているということは,「親しみやすい」という項目に高い点数をつけた人は,同時に「人なつっこい」という項目にも高い点数をつける傾向にある,ということです。図2-5は,「親しみやすい」と「人なつっこい」の項目の散布図です。点が大きいところは,度数が多いことを意味しています[*15]。図2-5を見ると「親しみやすい」に高い点数をつけている人は,同時に「人なつっこい」にも高い点数をつけていることがわかります。この2つの変数の相関係数は,$r=.70$でした。相関係数は最大値が1なので,高い相関関係にあることがわかります。

このように,2つの変数が似た点数のパターンを持つことを,正の相関関係があるといいます。逆に,片方の項目の点数が高いときにもう

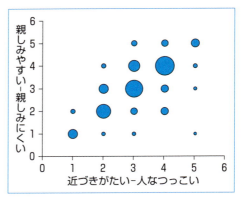

図2-5 「親しみやすい」と「人なつっこい」の相関関係

---

*15 図2-5のような散布図のことを,バブルチャートといいます。

表2-4　4項目間の相関行列

	1	2	3	4
1（親しみにくい-親しみやすい）	1			
2（近づきがたい-人なつっこい）	.70	1		
3（無能な-有能な）	.38	.31	1	
4（知的でない-知的な）	.44	.31	.76	1

片方の項目の点数が低くなるような関係を，**負の相関関係**とよびます。負の相関関係の場合，散布図は右下がりになります。

それでは，各項目間の相関係数を計算してみましょう。表2-4に10項目中，4項目の相関係数を載せています。変数間の相関係数を並べたものを**相関行列**とよびます。全体的に正の相関関係があるのがわかりますが，相関係数が高いものもあれば，$r = .30$程度のそれほど高くないものもあります。

2.2.4 因子分析のからくり2 —— 因子負荷量の推定

相関係数は2変数間の関係を指標化できますが，項目全体の関連性はこれだけではわかりません。そこで，因子分析はこの相関行列を使って，各項目が項目全体の共通要素の情報をどれほど持っているかを推定するのです。この項目全体の共通要素のことを**共通性**とよびます。また，各項目が持つ独自の要素を**独自性**とよびます（図2-6）。

共通性と独自性はトレードオフの関係にあり，共通性が高くなれば，独自性は低くなります。実際，因子分析で

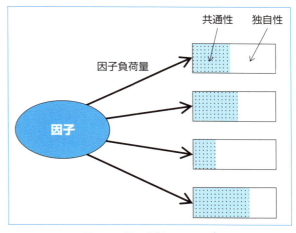

図2-6　因子分析のイメージ

は，共通性と独自性は足して1になるように推定されます。よって，共通性が0.40ならば，独自性は1−0.40＝0.60となります。共通性の大きい項目は，他の項目との相関関係が高いことを意味しています。

さらに，因子から項目への影響力の強さを表す指標を，**因子負荷量**とよびます（図2-6の矢印）。因子負荷量は，因子が各項目に対してどれだけ影響力が強いかを表す指標です。たとえば，因子が「Aさんへの好意」とします。Aさんを好きな人は「親しみやすい」と答える傾向が強いなら，因子負荷量が大きくなります。一方，たとえば「無能な」という項目は，因子負荷量は負の数値で推定されるであろうと考えられます。Aさんが好きな人は，Aさんを「無能である」という評価をしにくいからです。その意味で，因子負荷量は因子と項目の関係をよく

表している指標です。

因子負荷量の大きさがわかれば，推定しようとしている因子がどのような構成概念なのかが解釈できるようになります。たとえば，「親しみやすさ」に対する因子負荷量が正で大きいならば，「仲良くなれそう」という意味での肯定的な態度を因子として推定している，ということになります。つまり因子分析は，項目間の相関行列から因子負荷量を推定すること，そして，因子負荷量の大きさからどのような因子であるのかを知ることが，目的であるといえます。

具体的な計算方法の中身については数学的に高度な手法を用いているので，本書では詳しくは説明しませんが，ここでは，実際に因子分析をした場合にどのような因子が推定されるのかを見ていきましょう。

2.3 因子の推定

2.3.1 因子分析の実行例

それでは，実際に対人印象尺度の10項目の因子分析をしてみましょう。分析の結果，表2-5のようになりました。まずは因子負荷量に注目しましょう。因子負荷量が大きい項目は，項目2の「心の広い」や項目6の「感じの良い」，項目8の「人の良い」，項目10の「誠実な」といった項目で，0.80以上の負荷量を示していました。負荷量が低かった項目は，「積極的な」という項目で，

表2-5　対人印象尺度の因子負荷量と共通性

項目	因子負荷量	共通性
1. 親しみにくい－親しみやすい	.71	.51
2. 心の狭い－心の広い	.82	.68
3. 近づきがたい－人なつっこい	.72	.52
4. 考えの浅い－思慮深い	.70	.49
5. 消極的な－積極的な	.30	.09
6. 感じの悪い－感じの良い	.90	.80
7. 無能な－有能な	.61	.37
8. 人の悪い－人の良い	.87	.75
9. 知的でない－知的な	.66	.43
10. 不誠実な－誠実な	.81	.66
因子寄与	5.30	

0.30程度の負荷量でした。これらのことから，この10項目で測定できる構成概念は，全体的なAさんへの肯定的な態度であることがわかります。

では，因子負荷量が大きいか小さいかは，どのように判断すればよいのでしょうか。慣習的には，0.40程度を目安に，その項目が因子に関与しているかどうかを判断することが多いです。したがって，項目5の「積極的な」という項目は，因子の推定にあまり貢献していないと判断します。ただ，この基準は研究の目的によって変わるので，固定的に判断するのは避けましょう。

次に共通性を見てみると，数値は異なりますが，因子負荷量とパターンがよく似ているのに気づくと思います。実は，1因子の因子分析では，因子負荷量の2乗が共通性と一致します。すなわち，他の項目と相関が高い（共通性が大きい）項目は，因子からの影響が強い（因子負荷が大きい）項目である，といえます。

最後に，一番下の**因子寄与**を見てみましょう。因子寄与は，因子が持つ情報量の大きさを示しています。因子寄与の最大値は項目数と一致するので，因子全体の情報は，今回は10となります。因子寄与が5.30ということは，1つの因子で10のうち5.30，つまり10項目全体の53％の情報を持っていることになります。因子寄与は，項目全体の因子負荷量が大きいほど，大きくなります。

2.3.2　因子分析の推定方法

因子分析は前述のとおり，項目間の相関関係に基づいて共通部分を抽出する方法です。実は因子分析は，まず共通性と独自性を推定し，そのあと因子負荷量を推定する，という方法で計算しています。そして，この共通性・独自性の推定方法には，いくつかの種類があります。ここでは，代表的な推定方法と，その特徴，そしてどの方法を選べばいいのかについて解説します。

●**最尤法**（さいゆうほう）●　これは近年，因子分析で最もよく使われる推定方法です。なぜなら，最尤法という推定方法が推測統計学上，望ましい性質を持っているからです。最尤法の性質について説明すると難しくなるので，ここではとりあえず，「最も良い推定をする方法」と覚えておけば十分です。

ただ，最尤法は，共通性が1を超えてしまうことがあります。そもそも，共通性と独自性を足すと1になる性質があるのですが，共通性が1を超えてしまうということは，推定がうまくいっていないことを意味しています（共通性と独自性はともに負の値にはなりません）。これを**不適解（不適切な推定値）**とよびます。最尤法は，不適解になってしまうことがあります。不適解の対処については後に述べますが，標本サイズが小さいと，最尤法は不適解になってしまうことが多いようです。よって，最尤法は小さい標本だとうまく推定ができないことがあります。なお，表2-5の結果は，最尤法による推定の結果です。

●**最小二乗法**●　これは，最尤法の次によく使われる手法です。最尤法ほど優れた推定はできませんが，最尤法に比べて不適解になることが少ないです。ただ，不適解が出にくいのは望ましい性質だというよりは，最尤法よりもやや鈍感な推定方法である，というほうがよいかもしれません。

また，ソフトウェアには**反復主因子法**とよばれる方法もありますが，数学的には最小二乗法と同じ推定方法です。ただ，計算プロセスに違いがあります。どちらかといえば，反復主因子法より最小二乗法と表記された方法を使ったほうが正確に推定できるので，こちらを使うようにしましょう。なぜなら，反復主因子法は，正しい推定値にたどり着く前に計算が終わってしまうことがあるからです。また，最小二乗法は，次の一般化最小二乗法と区別するために，**重みつけのない最小二乗法**とよばれることもあります。

● **一般化最小二乗法** ●　最尤法ほどではありませんが，重みつけのない最小二乗法よりも望ましい性質を持っています。また，標本サイズが大きくなるほど推定結果が最尤法によく似たものになります。

したがって，最尤法で不適解になったとき，一般化最小二乗法でも同様に不適解になることが多いので，あまり活躍の場がないかもしれません。一応，最尤法でダメだったときの選択肢のうちのひとつ，として覚えておくとよいでしょう。

● **主成分法** ●　これはひと昔前によく使われた方法です。それは，最尤法や最小二乗法に比べて計算量が少ないため，計算機の性能が悪い時代でも実行可能だったからです。今のように誰でも高性能なパソコンを使える時代では，あまり活躍の場はありません。

主成分法は**主成分分析**とよばれる，因子分析とは別の方法で推定します。主成分法は共通性の推定が不当に大きくなる傾向にあるので，因子分析の代用としては基本的に使うべきではありません。最小二乗法でも不適解が出てしまったときの，最終手段として考えておきましょう。

2.3.3　どの方法を使えばいいの？

前述のように，望ましい推定をするのは最尤法です。ですから，最初は迷わず最尤法を選びましょう。しかし，最尤法の場合，不適解になってしまうこともあります。その場合には，一般化最小二乗法（あるいは，重みつけのない最小二乗法）を使えばうまく推定できることもあります。また，最小二乗法でもダメなら，主成分法という選択もあります。ただしその前に，標本サイズを大きくする，尺度を作り直す，などの対処をしたほうがよいかもしれません。

質問コーナー

最尤法による因子分析は，データが正規分布に従っていないと使ってはいけないと聞きました。リッカート尺度などで測定したデータは正規分布に従っていないように思いますが，最尤法を用いても大丈夫でしょうか？

たしかに，最尤法を用いる場合は，各項目の得点が正規分布に従っていることを仮定しています。ただ，仮にデータが正規分布に従っていない場合でも，因子負荷量や共通性の推定値そのものは，うまく推定できるといわれています（狩野・三浦，2003）。そのかわり，推定値の標準誤差が正しく推定される保証はないです。因子分析の場合，標準誤差を参照することはあまりないので（しなくていいというわけではないです），データの正規性が満たされなくても，最尤法が広く利用されているようです。ただし，データが2件法などの場合は，連続変数と仮定することが難しくなるので，**カテゴリカル因子分析**（第4巻を参照してください）を利用するほうが望ましいでしょう。

2.4 因子が複数ある場合の因子分析

2.4.1 因子が2つある場合

今までは因子が1つ，つまり尺度が1次元と仮定した分析を行ってきました。しかし，対人認知次元は先行研究によれば，2次元あるいは3次元の構造があることが示されています。因子分析は，複数の次元の構造を検討することもできます。というよりむしろ，因子分析は複数の次元の構造を明らかにするのが得意といえます。

ここでは，因子が2つのモデルを考えてみましょう。表2-4に戻って相関係数を見てみると，どうやら「親しみやすい」と「人なつっこい」の相関と，「有能な」と「知的な」の相関が高く（.70程度），それ以外は中程度の相関（.30〜.40程度）であることがわかります。このことから，この4つの項目は，2つのグループに分かれる可能性が考えられます。つまり，「親しみやすい」と「人なつっこい」の得点に関連する因子と，「有能な」と「知的な」の得点に関連する因子の2つです。

それを図で表すと，図2-7のようになります。ここでは2.1節で紹介したフィスクらのモデルに従って，「親しみやすい」と「人なつっこい」には「温かさ」という因子が，「有能な」と「知的な」には「有能さ」という因子があることを仮定してみました。もちろん「温かさ因子」も，「有能な」と「知的な」にも多少は影響することが考えられるので，破線を引いています。

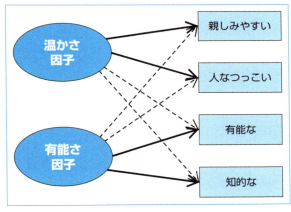

図2-7　因子が2つの場合の因子分析

このように，因子分析では，尺度の中に複数の構成概念が存在することを仮定できます。尺度の中にどのような潜在因子が隠れているかは，項目の内容から判断できることもありますし，今回のように相関行列を見ることで判断できることもあります。因子分析をする前には，あらかじめ項目間の相関係数をよく見ておくことが重要です。

2.4.2 2因子モデルの推定

それでは実際に，2つの因子を仮定した因子分析をやってみましょう。先ほどと同様に，10項目の対人印象尺度を用いて因子分析を行います。因子数は2です。また，推定方法は最尤法を用いています。その結果，表2-6のような結果になりました。

表2-6 最尤法による2因子モデルの結果

項目	因子1	因子2	共通性
1. 親しみにくい−親しみやすい	.70	−.24	.55
2. 心の狭い−心の広い	.80	−.33	.75
3. 近づきがたい−人なつっこい	.69	−.41	.65
4. 考えの浅い−思慮深い	.73	.19	.57
5. 消極的な−積極的な	.33	.12	.12
6. 感じの悪い−感じの良い	.87	−.24	.81
7. 無能な−有能な	.68	.47	.69
8. 人の悪い−人の良い	.85	−.14	.74
9. 知的でない−知的な	.75	.51	.82
10. 不誠実な−誠実な	.83	.10	.70
因子寄与	5.44	0.96	

　因子1の因子負荷量を見ると，1因子のときとほぼ同様の結果になっているのがわかります。つまり，「全体的に良い人」であるかどうかを表す因子になっています。次に因子2を見ると，「知的な」と「有能な」という項目で正の負荷量があり，「人なつっこい」は負の負荷量が推定されました。おそらく「能力の高さ」を表す因子だと思われますが，なんだか解釈が難しいです。思っていたような2つの因子にはなっていません。

　因子分析の因子負荷量は，特に何も処理を施さなければ，1番目の因子の負荷量が最も大きくなるように推定される傾向にあります。因子寄与を見ると，因子1は5.44なのに，因子2は0.96とかなり小さくなっています。このような，特に処理を施さない場合の因子負荷量の解（推定値）を，**初期解**とよびます。一般に，初期解のままでは因子の解釈が難しいです。

2.4.3　因子軸の回転

　初期解では解釈が難しいとき，どのような処理を施せばよいのでしょうか。それは，各因子の特徴がより際立つように，因子負荷量を変換するという方法を使います。これを**因子軸の回転**とよびます。因子分析は共通性と因子負荷量を求める方法ですが，実は因子が2つ以上の場合，共通性はうまく推定できても，因子負荷量はわれわれ分析者にとって理解しやすいかたちで決まらないのです。初期解は，とりあえず推定した因子の順に因子負荷量が大きくなるように推定しますが，因子軸を回転することで，より単純で理解しやすい解に変換することができます。

　それでは，解釈しやすくなるように因子軸を回転させてみましょう。なお，具体的な回転方法の詳細については後に述べますが，ここでは**バリマックス回転**という方法を用いました。バリマックス回転によって得られた回転後の解を，**バリマックス解**といいます。結果は表2-7のようになりました。

　表2-7を見ると，因子1は「心の広い」「人なつっこい」「感じの良い」などの項目の負荷量が高いことがわかります。因子2は「思慮深い」「有能な」「知的な」などの項目の負荷量が高いです。これらのことから，当初考えていたように，因子1は「温かさ」因子，因子2は「有能

表2-7 回転後の解（バリマックス解）

項目	因子1	因子2	共通性
1. 親しみにくい-親しみやすい	.68	.29	.55
2. 心の狭い-心の広い	.82	.28	.75
3. 近づきがたい-人なつっこい	.79	.15	.65
4. 考えの浅い-思慮深い	.42	.63	.57
5. 消極的な-積極的な	.16	.31	.12
6. 感じの悪い-感じの良い	.81	.40	.81
7. 無能な-有能な	.20	.81	.69
8. 人の悪い-人の良い	.72	.46	.74
9. 知的でない-知的な	.22	.88	.82
10. 不誠実な-誠実な	.55	.63	.70
因子寄与	3.54	2.86	

さ」因子であると解釈できるでしょう。因子の解釈がしやすいと，因子の名前をつけやすくなります。

また，因子寄与を見ると，因子1が3.54，因子2が2.86と，だいたい同じ程度の大きさになっているのがわかります。つまり，因子軸を回転することで，各因子が持つ情報量は変化するのです。ただし，共通性は変化していません。したがって，因子軸の回転は，「共通性を変化させないように因子負荷量を変換させる方法」ということもできます。

2.4.4 因子軸の回転方法

因子の解釈をするための方法を，「因子軸の回転」とよびました。それではなぜ「回転」なのでしょうか。図2-8を見てみましょう。左の図が初期解，右の図が回転後の解になります。左の図を見ると，ほとんどの項目は因子1の負荷量が高くなっています（表2-6の値を参照）。しかし，項目の配置をそのままにして回転させたら，因子1は「人なつっこい」などが高くなり，逆に「知的な」などは低くなりました。そして，因子2の軸を見ると，「知的な」が高い一方，

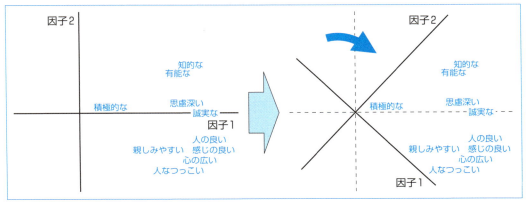

図2-8 因子軸の回転のイメージ（左が初期解，右が回転後の解）

「人なつっこい」は低いです。

このように，項目の位置関係はそのままに，各因子をバランスよく配置するように変換するため，「回転」とよばれているのです。

2.4.5 直交回転と斜交回転

さて，先ほどのバリマックス解でも十分に因子構造の解釈はできますが，因子1と因子2の両方の負荷量が高い項目も多くありました（表2-7）。たとえば項目6の「感じの良い」は，因子1（温かさ因子）に.81，因子2（有能さ因子）に.40と，因子1のほうが高いですが，因子2にも.40以上の負荷があります。

実は回転法には，バリマックス解よりももっと因子構造を単純にする方法があります。それは，因子軸を2つ同時に回転するのではなく，1つずつ別々に回転する方法です。このほうが，より単純な解になります。先ほど用いたバリマックス回転という方法は，因子軸が垂直に交わった状態を維持しつつ，2つの軸を一緒に回転する方法でした。これを**直交回転**といいます。直交回転によって得られた回転後の解を，**直交解**といいます。つまり，バリマックス解は直交解のひとつです。

それに対して，各軸を独立に回転する方法を，**斜交回転**といいます。斜交回転によって得られた回転後の解を，**斜交解**といいます。斜交回転は因子軸が垂直でなくてもよいため，制約が少ないぶん，より因子の特徴が解釈しやすくなります。

表2-8にあるのが，斜交回転のひとつである**プロマックス回転**による，因子負荷量の計算結果です。直交回転であるバリマックス回転よりも，より因子の特徴が際立っているのがわかると思います。また，因子寄与もバリマックス回転のものに比べて大きくなっています。このことから，直交回転よりも斜交回転のほうが，因子の情報量も増えていることがわかると思います。

プロマックス回転による因子負荷量をプロットすると，図2-9のようになります。軸が垂直ではなくなりますが，より因子と項目の関係が際立つように回転されているのがわかると思い

表2-8 斜交回転（プロマックス回転）による因子負荷量

項目	因子1	因子2	共通性
1. 親しみにくい-親しみやすい	.72	.03	.55
2. 心の狭い-心の広い	.89	−.04	.75
3. 近づきがたい-人なつっこい	.91	−.19	.65
4. 考えの浅い-思慮深い	.24	.57	.57
5. 消極的な-積極的な	.06	.31	.12
6. 感じの悪い-感じの良い	.83	.11	.81
7. 無能な-有能な	−.12	.90	.69
8. 人の悪い-人の良い	.69	.23	.74
9. 知的でない-知的な	−.12	.98	.82
10. 不誠実な-誠実な	.41	.51	.70
因子寄与	4.93	4.35	

ます。表2-6のように，1つの項目につき，1つの因子からしか強い影響を受けていない状態を**単純構造**といいます。

2.4.6 因子間相関

因子が複数あると，因子同士の関係が気になります。対人印象尺度の因子分析から，対人認知は「温かさ因子」と「有能さ因子」の2次元があることが見出されましたが，他者に対して持つ温かさと有能さの印象は，相関関係があるのでしょうか。

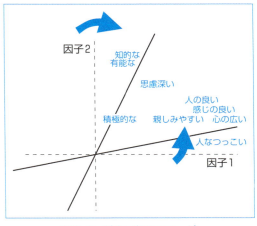

図2-9 斜交回転のイメージ

実は，因子の間の相関関係は，どのような回転を施したかで変わってきます。直交回転であるバリマックス回転を施すと，因子の間の相関係数は必ず0になります。変数が直交することと，相関が0であることは，実は同じ意味なのです。一方，斜交回転であるプロマックス回転を施すと，因子間相関は0とは限りません。因子が斜交していると因子の間に相関が生じる，ということを覚えておきましょう。

因子間相関の計算は，因子分析を実行すればたいていのソフトウェアは同時に出力してくれます。プロマックス回転のときの因子間相関は，$r = .65$という高い値になりました。つまり，他者に対して持つ「温かい」という印象と「有能である」という印象には，正の関連があるといえます。

2.4.7 因子パターンと因子構造

斜交回転を行うと，ソフトウェアによっては**因子パターン**と，**因子構造**という2つ結果が表示されることがあります。このどちらを見ればよいのか，悩むことがあるかもしれません。基本的には因子負荷量を解釈するときは，因子パターンを見るようにしましょう。因子パターンは，他の因子の影響を固定したときの因子負荷量です。たとえば，因子1の項目4に対する因子パターンは，因子2の項目4に対する影響を固定したうえでの，純粋な因子1から項目4への影響力です。この点については，重回帰分析の項（第4章）で詳しく解説します。因子構造は，単純に因子と項目の相関係数を表しています。なお，直交回転の場合は因子パターンと因子構造は一致するので，1つしか表示されません。

2.4.8 直交，斜交のどちらの回転を使えばいいの？

因子負荷量を推定するための回転法には，直交回転と斜交回転があります。では，どちらを使えばいいのでしょうか。今回の例で見たように，斜交回転のほうが直交回転よりも，因子の解釈がしやすいことが多いです。なぜなら，斜交回転はそれぞれの因子が最も際立つように回

転することができるからです。逆に，直交回転は因子間の相関が0であるという制約を課しながら回転するので，やや不自由な回転といえるでしょう。

　これらのことから，因子分析をするときは基本的には斜交回転を用いる，ということを覚えておきましょう。もしかしたら，昔の先行研究では，バリマックス回転を使っていることが多いかもしれません。それは，斜交回転を実行してくれるソフトウェアがなかったり，計算に時間がかかるために仕方なかったり，というのが大きな理由です。現在ではどんなソフトウェアでも斜交回転は簡単に実行できますから，「基本は斜交回転」と覚えておきましょう。

　なお，斜交回転にもいくつか種類があります。代表的なのはプロマックス回転ですが，ほかにも，オブリミン回転や独立クラスター回転，ジオミン回転などがあります。実用上はプロマックス回転で十分です。

2.5　因子数の決定方法

　今回は，先行研究をもとに2因子の因子分析を行いました。しかし，先行研究がなかったり，先行研究どおりの因子数にするとうまく解釈ができなかったりする場合，因子数をいくつにするかで悩むこともあります。そこで，因子数を決定するための基準にはいくつかの方法が提案されていますので，以下に説明します。

2.5.1　因子数決定の基準

　古くから使われている方法の中にはあまり妥当でないものもありますが，それらも含めて説明しましょう。

●**ガットマン基準**●　ガットマン基準は，因子の固有値によって因子数を決めます。固有値とは，各因子が持つ情報量の大きさを表す数値のことです。固有値は初期解の因子寄与に似ています。そして，「固有値が1以上の因子のみを，有効な因子として採用する」というのがこの基準です。

　今回のデータでは，固有値が1を超えているのは2つでした。よって，ガットマン基準では2因子を提案しています。しかし，このガットマン基準は，必ずしも妥当な因子数を提案するとは限りません。昔はよく使われていましたが，今はあまり使われなくなっています。

●**スクリープロット基準**●　スクリープロットとは，各因子の固有値をグラフ化したものです。固有値は，重要な因子ほど大きいのです。また，尺度がきちんと因子を反映しているなら，固有値の推移は，重要な因子数以降の固有値がガクっと小さくなります。スクリープロット基準とは，固有値が相対的に大きく下がる手前までの因子数を，妥当な因子数として提案する基準です。

図2-10を見てください。青い線がスクリープロットです。1因子と2因子の間で，まずガクッと下がっています。次に，2と3はあまり変わりませんが，3と4の間でまたカクっと下がっています。このことから，スクリープロット基準では，1因子か3因子が，妥当な因子数であると提案しているといえます。

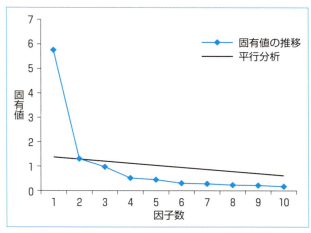

図2-10　スクリープロットと平行分析

● **平行分析** ●　スクリープロットを活用した因子数決定方法に，平行分析があります。平行分析は，元のデータと同じ項目数，同じサンプルサイズの乱数を発生させて，その乱数データから固有値を計算したものを，同時にプロットします。すると，図2-10の黒い線のようになります。そもそも乱数で発生させたデータには共通点などありませんから，意味のある因子とはいえません。そこで，「乱数の固有値よりも大きな因子を因子数として採用する」というのが，平行分析の考え方です。この平行分析では，2因子を採用するよう提案しています。

● **最小平均偏相関（minimum average partial correlation：MAP）** ●　MAPは，「因子によって項目間の相関がどれぐらいきれいに説明できるか」という基準で考案されたものです。因子分析は，項目間の相関関係によって推定されるといいましたが，少なすぎる因子数では項目間の相関を全部反映できませんし，多すぎても項目間の関係をむやみに複雑にするだけです。その点MAPは，効率よく項目間の相関を説明できる因子数を提案します。

表2-9　MAPによる因子数の提案

因子数	MAP
1	.069
2	.047
3	.079
4	.100
5	.127

今回のデータのMAPを計算すると，表2-9のようになりました。MAPは小さいほうがよいので，因子数は2が提案されていることがわかります。この結果から，今回は2因子が妥当であるといえそうです。

2.5.2　どの基準が一番妥当なのか

さて，いくつか因子数の決定基準を紹介しましたが，どの基準が最も妥当な因子数を提案しているのでしょうか。残念ながら，「これだけを見ていたら大丈夫」という基準はありません。ただ，よく使われているのは，目で見てわかりやすいスクリープロット基準です。わかりやすい因子構造だと，スクリープロット基準で十分であることが多いです。しかし，スクリープロット基準だけではどうにも判断がつけにくいことがあります。そういう場合に，平行分析や

MAPなど，他の基準も参照してみるといいでしょう。

また，因子の解釈可能性も，重要な判断の基準になります。たとえ平行分析やMAPが同じ因子数を提案していても，それが心理学的に解釈できなければ意味がありません。機械的な基準はあくまでも「目安」であって，最終的には先行研究や研究目的に応じて柔軟に判断することが重要です。

2.6 因子分析を行ううえでの注意点

因子分析は，社会心理学だけでなく，広く心理学の研究をするうえで習得が必須のテクニックです。最後に，因子分析を行ううえでの注意点に触れておきます。

2.6.1 不適解とその対処

因子分析の推定方法のところでも触れましたが，因子分析を使っていると，ときどき不適解に悩まされます。不適解とは，共通性の推定値が1を超えてしまうことです。共通性は，定義より1を超えることはないので，不適解を採用してはいけません。

不適解が生じる原因はいくつか考えられます。ひとつは標本サイズが小さいことです。因子分析では，項目数の5〜10倍の標本サイズを用意するとよいでしょう。標本サイズが小さいと標本誤差が大きくなるので，推定値が安定せず，共通性が1を超えてしまうことがあります。

次の原因として，特定の変数の間で，相関係数が極端に高いことが挙げられます。そのときは，尺度に含めるのがどちらか一方だけで十分な場合があります。そこで，どちらかの項目を削って，再度分析を行ってみるといいでしょう。

ほかにも，本来の因子数よりも多くの因子数を推定した場合に，不適解が生じることがあります。本当は2因子構造なのに5つの因子を推定しようとすると，過剰に項目の共通部分を推定しようとしてしまい，共通性が1を超えてしまうことがあります。こういう場合は，因子数を少なめにするとうまく解が求まることがあります。

また，最尤法を用いると，不適解が生じることがあります。しかしこれは，最尤法の欠点ではありません。最尤法で不適解が生じるのは，推定しようとしている因子の構造とデータが合っていないことを，きちんと警告してくれているとも考えることができます。最尤法以外の分析を使って不適解を避けることができる場合にも，安易に他の推定法に頼るのではなく，まずは最尤法にとどまって，推定しようとしている因子数が多すぎないか，標本サイズが小さすぎないかなどを確認することが大事です。

2.6.2 因子の解釈

因子の解釈（因子の命名）は，因子負荷量に基づいて行います。しかし，因子の解釈はあくまで「研究者の解釈」であって，因子分析そのものが行うものではありません。また，因子名

はその後の研究の解釈にも大きな影響を与えるので、因子の解釈および命名に関しては、研究者が慎重に行う必要があります。

まず、注意が必要なのは、絶対値が低い負荷量項目の解釈です。絶対値が小さい負荷量は、因子の得点が高いとその項目の得点が低くなるのではなく、「その項目とは相関関係がない」ということを意味しています。なので、因子負荷量が小さいからといって、その項目と逆の意味に因子を解釈してはいけません。逆の意味になるのは負の負荷量の場合ですから、注意しましょう。また、どの因子とも負荷が低い（0.30や0.40よりも小さい）項目は、因子分析から省くのもひとつの手です。

次に、絶対値が大きな負荷量は目につきますが、中程度のものも無視してはいけません。負荷量の絶対値に合わせて、バランスよく解釈することが重要です。

最後に、複数の因子に負荷する項目がある場合です。特に仮説がない状態で因子分析をすると、複数の因子に負荷が高い項目がある場合がよくあります。因子を単純に解釈したいなら、二つ以上に因子負荷が0.40を超えるようなものは、因子分析から外す場合もあります。つまり、単純構造を目指すうえで、邪魔になる項目を省くということです。しかし、なんでもかんでも省いてしまうと項目数が少なくなりすぎて、妥当な解釈が難しくなります。全体的な項目数が多いほうが、因子の推定がより正確になるので、むやみに項目を削らないことも大事です。複数の因子に負荷していても解釈ができそうなら、そのまま残しておくのもいいでしょう。また、尺度として重要な項目を、内容を見ずに負荷量の高い低いという理由だけで外してはいけません。測定しようとしている概念をよく表現している重要な項目は、なるべく残すように努力しましょう。

2.6.3 先行研究と同じ因子数や因子負荷量が再現されないとき

先行研究の尺度を使って因子分析をしてみたけれど、先行研究と全然違う結果になることもあります。そのときは、どうすればいいのでしょうか。

まず注目するのは、先行研究で用いた標本の特徴です。自分で取ったデータと特徴が異なる母集団から標本が抽出されているなら、結果が異なる可能性があります。また、先行研究の標本サイズが小さい場合も、結果は再現できないことがあります。それは、先行研究の因子分析がうまく推定できていない可能性があるからです。逆に、もし自分が集めた標本のサイズが小さくて、先行研究の標本サイズが十分大きいなら、無理に因子分析をするのではなく、先行研究と同じ因子構造になると仮定して分析を進めたほうがいいかもしれません。

ほかにも、第6巻『パーソナリティ心理学のための統計学』で紹介されている、確認的因子分析という手法も便利です。この方法は、先行研究と結果ができるだけ一致するように因子を推定することができます。

2.7 本章で取り上げた心理学をもっと勉強するために

　対人認知をはじめとして，人々が社会的な現象をどのように理解しているのかを明らかにする研究分野を，**社会的認知**とよびます。社会的認知は社会心理学の中でも人気の研究テーマで，多くの研究者が取り組んでいる分野です。本章で取り上げた対人認知については，さまざまな教科書で解説されています。日本で見出された対人認知の3次元については，大坊（2004）の第10章（対人認知）が詳しいです。また，社会的認知全般については，山本ら（2001）が網羅的に解説しています。

【文献】

Asch, S. E. (1946). Forming impressions of personality. *The Journal of Abnormal and Social Psychology*, **41** (3), 258-290.

Bruner, J. S. & Tagiuri, R. (1954). The perception of people. In G. Lindzey (Ed.), *Handbook of Social Psychology*. Addison-Wesley. pp.634-654.

大坊郁夫編著（2004）．わたしそしてわれわれ――現代を生きる人のための心理学テキストブック（ミレニアムバージョン）．北大路書房．

Fiske, S. T., Cuddy, A. J. C., & Glick, P. (2007). Universal dimensions of social cognition: Warmth and competence. *Trends in Cognitive Science*, **11**, 73-83.

林　文俊（1978）．対人認知構造の基本次元についての一考察．名古屋大学教育学部紀要（教育心理学科），**25**, 233-247.

狩野　裕・三浦麻子（2003）．AMOS, EQS, CALISによるグラフィカル多変量解析――目で見る共分散構造分析［増補版］．現代数学社．

Rosenberg, S., Nelson, C., & Vivekananthan, P. S. (1968). A multidimensional approach to the structure of personality impressions. *Journal of Personality and Social Psychology*, **9**, 283-294.

山本眞理子・外山みどり・池上知子・遠藤由美・北村英哉・宮本聡介（2001）．社会的認知ハンドブック．北大路書房．

問1：表2-2のサンプルデータに対して，3因子モデルで推定してみましょう。

問2：バリマックス回転とプロマックス回転の両方を試してみて，因子寄与率がどのように変化するかを確認してみましょう。また，それぞれの回転方法で，各項目で負荷量の2乗和と共通性が一致するかどうかも確認してみましょう。

問3：得られた3因子に因子名をつけて，解釈してみましょう。

第3章 他者への期待や信念の類型化 —— 尺度の信頼性と妥当性

3.1 他者一般に対する信念

第2章では，人々に共通する対人認知の構造について説明しました。しかし一方で，人によって他者に対する見方や考え方には違いがあります。「人は基本的には正直で，ひどいことはしない」と思う人もいれば，「誰だっていつかは自分のことを裏切るかもしれない」と否定的に考えてしまう人もいます。

本章では，そのような「他者一般に対して持つ期待や信念」の個人差について解説します。また，そのような個人差を測定する尺度が，きちんと構成概念を測定できているのかを評価する方法について，説明します。

3.1.1 成人の愛着スタイル

他者に対する期待や信念は人によって異なりますが，そのような個人差はどのようにして形成されるのでしょうか。ボウルビィ（Bowlby, 1969）は，母親のような養育者との関係によって，乳幼児の行動パターンが異なることを見出しました。そしてボウルビィは，幼児は養育者から助けてもらわないと生きていけないため，養育者からの愛情を得るための心の仕組みを持っていると考えたのです。それを，愛着（attachment）とよびます。

またボウルビィは，人は母親などの愛着対象と相互作用を繰り返していくうちに，自己や他者に対する認知的枠組み（スキーマともいう）を形成していくと考えました。このような認知的枠組みを，内的作業モデル（internal working model）とよびます。この内的作業モデルを形成することによって，人は，愛着対象以外の他者一般への期待や信念を持つようになります。そのため，愛着は幼少期だけの行動パターンだけではなく，成人になってからも対人関係の形成に影響すると考えられているのです。特に恋愛関係においては，愛着システムの影響が強いと考えられています（Hazan & Shaver, 1987）。

成人になってからも存在する，自己や他者に対して持つ期待や信念の個人差のことを，成人の愛着スタイルとよびます。成人の愛着スタイルには，幼少期の愛着スタイルと同様に，安定型（secure type），アンビバレント型（ambivarent type），そして回避型（avoidant type）

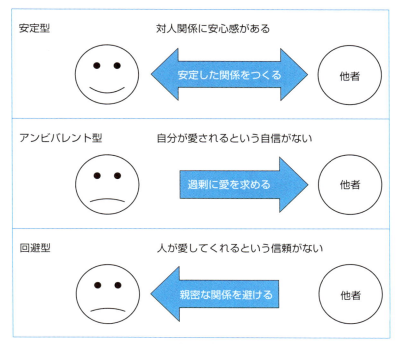

図3-1　成人の愛着スタイル

の3タイプがあります（図3-1）。

　安定型とは，幼少期，自分にとって嫌なことがあったときに（おなかが減ったなど），母親がすぐに，そして十分に反応してくれていた場合に形成される愛着の型です。安定型の愛着システムを持つ人は，友人や恋人などに対して安心感を持っており，また，自分は人に愛されるという自信を持っているため，一人になってもすぐに不安にはなりません。

　アンビバレント型は，幼少期に嫌なことがあっても，母親がすぐに，あるいは十分な反応を示してくれなかった場合に形成される愛着の型です。アンビバレント型の人は自分が人に愛されるという自信がないため，親密な人の反応をより引き出そうと，過剰に愛情を求める傾向にあります。また，一人になると，とても不安になります。

　回避型は，幼少期に母親の反応が冷たかったり，罰を与えるようなものであった場合に形成される愛着の型です。回避型の人は，人が自分を愛してくれるという信頼がないため，親密な人であっても愛情を求めない傾向にあります。また，一人であっても特に気にすることはありません。

　バーソロミューとホロヴィッツ（Bartholomew & Horowitz, 1991）は，内的作業モデルを2つに分け，自己モデル（自信のなさ）と他者モデル（他者への信頼のなさ）という2つの次元から，愛着スタイルを分類しました。それによると，愛着は図3-2のように，4つのスタイルに分けられます。安定型はボゥルビィのモデルと同じですが，アンビバレント型に該当するものとして，自信がなく，他者を信頼するとらわれ型を考えました。また，3タイプ版でいう回

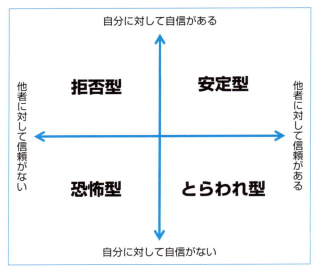

図3-2　バーソロミューとホロヴィッツの2次元4象限の愛着スタイル

避型を2つに分け，自信はあるが他者を信頼しない拒否型と，自信もなく他者も信頼できない恐怖型を位置づけました。

3.1.2　成人の愛着スタイルを測定する尺度

成人の愛着スタイルは，理論的立場に応じた尺度がいくつか開発されてきました。ハザンとシェーバー（Hazan & Shaver, 1987）が作成した尺度は，それぞれ3つのタイプの特徴について記述した文章を読んでもらい，そのどれに当てはまるかを直接尋ねて回答者を分類します。一方で，バーソロミューとホロヴィッツの尺度は，自己に対する自信のなさと他者に対する信頼のなさを測定することで，2次元4象限の愛着スタイルに分類する尺度を開発しました。

このように，愛着スタイルを測定するための尺度は数多くあり，日本でも愛着の3タイプを測定する詫摩・戸田（1988）や，2次元を測定する中尾・加藤（2004）などがあります。

3.1.3　愛着スタイル尺度の短縮版を作ってみる

前述のように，愛着スタイル尺度にはいくつか種類がありますが，たいていは項目数が多いため，質問紙のデザインによっては回答者に大きな負荷がかかります。そのような場合は，尺度の一部の項目だけを使い，短縮版尺度として質問紙に組み込むことがあります。

尺度の一部といっても，でたらめに項目を選ぶのではありません。よく用いられる方法は，先行研究の因子分析結果を参考に，因子負荷量の大きな項目をいくつか選定する方法です。因子負荷量の大きい項目は，因子の影響を強く受けているため，因子を測定するのにより役立つと考えられるからです。

しかし，本来の尺度の一部だけを使うわけですから，当然尺度の性能は落ちてしまいます。

そこで本章では，短縮版尺度が尺度としてどれほど良い性能を持っているのかを，評価することとしましょう。

3.2 測定した構成概念の得点化

それでは，実際に愛着スタイルを測定してみましょう。今回は，一般他者に対する信念を測定する，中尾・加藤（2004）の愛着スタイル尺度の短縮版を作成します。中尾・加藤（2004）では，「見捨てられ不安」因子が18項目，「親密性の回避」因子が12項目，合計30項目の愛着スタイル尺度を作成しています。そこで今回は，2つの因子について，それぞれ5項目ずつ，合計10項目の短縮版尺度を作成することにします。

3.2.1 サンプルデータ（人工データ）

この調査を90人を対象に実施した，という想定で人工データを作成しました。ここで測定した尺度は，愛着スタイルの短縮版10項目と，第1章で解説した自尊感情尺度（山本ら，1982）とします。愛着スタイル以外に自尊心を測定したのは，のちに述べるように，短縮版尺度の妥

表3-1　短縮版の愛着スタイル尺度項目

「見捨てられ不安」因子の項目	
不安1	私は一人ぼっちになるのではないかと心配する
不安2	私は（知り合いに）見捨てられるのではないかと心配になることはほとんどない　R
不安3	私は知り合いを失うのではないかとけっこう心配している
不安4	私が人のことを大切に思うほどには，人は私のことを大切に思ってないのではないかと私は心配する
不安5	私はいろいろな人との関係について，非常に心配している
「親密性の回避」因子の項目	
回避1	私は，人に何でも話す　R
回避2	私は，心の奥底にある考えや気持ちを人に話すことに抵抗がない　R
回避3	私はたいてい，人と自分の問題や心配事を話し合う　R
回避4	私は人に頼るのに抵抗がない　R
回避5	私は，人になぐさめやアドバイス，助けを求めることに抵抗がない　R

質問コーナー

短縮版尺度を作るときに，信頼性や妥当性以外に気をつけることはありますか？

本章では省略しましたが，本来短縮尺度の性能を評価するときは，短縮する前の完全版の尺度も測定しておいて，短縮版と完全版の平均値，標準偏差に違いがないか，また2つの得点の相関係数が十分高いかを評価します。そして，理想的には，完全版と短縮版でいくつかのカテゴリ（性別，年齢，社会階層など）においても，同様の分布をしているかを確認することも重要です。つまり，短縮版がどれほど完全版の代わりとして役に立つのか，きっちりと確認しておく必要があるのです。

表3-2 愛着スタイルと自尊心についてのサンプルデータ

番号	不安1	不安2	不安3	不安4	不安5	回避1	回避2	回避3	回避4	回避5	自尊心
1	4	2	4	5	5	1	1	1	1	1	2.9
2	3	3	3	4	3	3	2	2	4	4	2.8
3	2	4	1	1	2	4	4	2	5	5	3.0
4	2	4	2	4	2	4	2	3	3	2	1.9
5	1	4	2	1	2	2	1	2	3	2	2.5
⋮											
88	1	5	1	3	3	1	1	1	1	1	2.1
89	2	4	2	2	3	1	2	3	2	4	2.4
90	4	4	2	4	2	4	4	5	2	2	3.6

当性の検討に用いるためです。なお，愛着スタイル尺度と自尊感情尺度は，それぞれ5件法で測定したという設定です。

表3-1は，愛着スタイル尺度の項目内容です。**R**と文末についているものは，逆転項目であることを意味しています。表3-2は結果の人工データです。

3.2.2 因子分析による因子得点の推定

ところで，尺度で測定している愛着スタイルを得点化するには，どうすればいいのでしょうか。愛着スタイルは構成概念ですから，直接に観測できる変数ではなく，潜在変数です。つまり，潜在変数である因子の得点を，推定する必要があります。因子の推定された得点のことを，因子得点とよびます。

因子得点を推定するには，いくつかの手法があります。一番直接的な方法は，因子分析を用いることです。因子分析は，尺度の構造を明らかにするだけではなく，個々人の因子得点も推定することができます。

ここでは復習もかねて，短縮版の愛着スタイル尺度の因子分析を行ってみましょう。愛着スタイルは理論的に2因子であることがわかっているので，最初から因子数を2として推定します。最尤法・プロマックス回転による因子分析の結果，表3-3のような因子パターン行列が得られました。理論どおり，きれいな2因子が得られました。また，因子間相関は0に近く，2つの愛着次元はほぼ直交している（無相関）といえます。

因子分析による因子得点は，「平均

表3-3 短縮版愛着スタイル尺度の因子パターン行列

項目	見捨てられ不安	親密性の回避	共通性
不安1	.84	.10	.71
不安2	−.79	−.02	.62
不安3	.68	−.07	.46
不安4	.61	.00	.37
不安5	.70	−.09	.51
回避1	−.07	.67	.46
回避2	−.12	.70	.51
回避3	.14	.75	.57
回避4	.02	.72	.52
回避5	.00	.76	.58
因子寄与	2.69	2.63	
因子間相関		0.04	

0，標準偏差が1の標準得点である」という仮定のもとで推定されます（表3-4）。よって，尺度項目が5件法でも7件法でも，標準得点に近い推定値が得られます。因子得点の推定方法はいくつかありますが，回帰法かバートレット法がよいと思います。

因子分析による因子得点の推定は，「態度測定法の考え方を最も反映した，構成

表3-4　因子分析による因子得点の計算（回帰法による推定）

ID	見捨てられ不安因子	親密性の回避因子
1	1.46	1.86
2	0.22	−0.14
3	−1.27	−1.11
4	−0.66	0.16
⋮	⋮	⋮
88	−1.32	1.85
89	−0.69	0.32
90	0.02	−0.52

概念の得点化の方法である」といえます。しかし，この方法にも欠点があります。それは，先行研究どおりの因子パターン行列が得られなかった場合に，先行研究が想定していた因子の得点を推定できなくなる，という点です。今回の例では先行研究どおりの因子構造が得られましたが，常に同じようにうまくいくとは限りません。また，たとえ因子構造が同じでも，因子負荷量まで同じような値になることはほとんどありません。因子負荷量が異なれば，因子得点の計算式も変わるので，先行研究と得点を比較することができなくなります。

では，そのような場合，どのように対処すればいいのでしょうか。

3.2.3　尺度得点（簡便的因子得点）の推定

心理学では，因子負荷量が高い項目の平均値や合計値を，因子得点の推定値とすることがあります。これを簡便的因子得点とよびます。簡便的というだけあって，因子分析による推定法に比べれば，正確な因子得点を推定しているわけではありません。しかし，先行研究でも同様にこの簡便的因子得点を用いていれば，後続する研究でも因子分析の結果によらず，簡単に，同じ方法で，因子得点を推定することができます。つまり，先行研究で得られた構成概念の得点と，自分のデータの得点を比較することができるようになるわけです。

こういった先行研究の再現性のため，また得点の推定の容易さのために，心理学では簡便的因子得点がよく用いられます。簡便的因子得点は，尺度項目をそのまま平均あるいは合計することから，単に尺度得点とよぶことがあります。本章でも，以降は簡便的因子得点のことを，尺度得点とよびます。

尺度得点は，因子への負荷が高い項目の平均値，あるいは合計値として計算します。しかし，尺度得点を計算するときに，注意しなければならない点がいくつかあります。

まず，どの項目が各因子に負荷していると判断するか，という問題です。慣習的には，因子負荷量が0.30あるいは0.40以上の項目を，該当する項目と考えることが多いようです。しかし，この基準はあくまで研究者が勝手に（恣意的に）選択しているものですから，絶対的なものとして考えないほうがよいでしょう。また，レポートや論文には，負荷量がいくつ以上を基準にしたかを明記することが重要です。

次に，欠測データの扱いです。これも慣習的には，ある参加者について1つでも項目に欠測がある場合，尺度得点も欠測と扱うことが多いです。しかしこの方法は，たとえ全部で30項目もあったとしても，たった1項目の欠測があったらその人は尺度全部に回答していないことになり，とてももったいない方法です。一方，欠測のある項目だけ使わず，残りの29項目の平均値を算出する方法も想定できます。しかしこの方法は，欠測がある場合とない場合で，得点化の方法が変わってしまう（と考えられている）ため，敬遠されることが多いです。

　最後に，逆転項目[*16]の扱いです。因子分析を用いて因子得点を推定する場合は，負荷量が負のものであっても，それに合わせて得点を推定してくれますから，特に注意する必要はありません。しかし，尺度得点を用いる場合は，因子負荷量が負の項目は，項目得点を逆転させてから平均値なりを計算する必要があります。得点の逆転は，反応段階（5件法なら5）に1を足した数値から得点を引くことで可能です。具体的には，5件法なら，「6－得点」を計算すればよいのです。そうすれば，5点は1点に，2点は4点になり，因子の方向性と同じ得点化を行うことができます。

3.2.4 発展的な因子得点の推定法

　先ほど，因子分析による因子得点の推定では先行研究と同じ得点化ができないと書きました。しかし，第6巻『パーソナリティ心理学のための統計学』で紹介されている確認的因子分析を用いれば，先行研究の因子負荷量をまったく同じ値に再現して，因子得点の推定を行うことができます。つまり，先行研究が因子分析で因子得点を推定していても，先行研究と同じ推定方法で構成概念を得点化できるのです。

　また，確認的因子分析を用いれば，データに欠測があっても，他のデータをすべて用いて因子得点を推定するということも可能です。よって，項目1つだけが欠測することによって，その回答者の回答すべてを欠測にするという「無駄」をせずにすむのです。これらの方法は，まだ心理学では十分に広まってはいませんが，従来使われてきた方法よりも，より正確で，無駄のない推定が可能です。

3.2.5 短縮版愛着スタイル尺度の尺度得点

　それでは，実際に測定した，短縮版の愛着スタイル尺度の尺度得点を計算してみましょう。尺度得点は平均値と合計値のどちらもでかまいませんが，合計得点は項目数によって最大値が変わるため，得点の高さについての理解が複雑になるかもしれません。著者は，平均値による得点化を勧めます。

　短縮版愛着スタイル尺度は，表3-3によれば，各因子について5項目が高く負荷していました。よって，5項目の平均値を計算すればよいことになります。ただし，「見捨てられ不安」因

[*16] 第1章を参照してください。

子の2項目めは，負荷量が負になっている点に注意しましょう。負荷量が負になっている項目は，得点を逆転する必要があります。よって，尺度得点は以下の式で計算できます。

> 見捨てられ不安 ＝ {不安1 ＋（6－不安2）＋不安3 ＋不安4 ＋不安5}/5

たとえば，表3-2の回答者番号1の人の見捨てられ不安の尺度得点は，{4＋(6－2)＋4＋5＋5}/5＝4.4点になります。続いて，「親密性の回避」は，すべての項目が逆転項目でした。点数の逆転はまとめて行うと，以下の式で計算できます。

> 親密性の回避 ＝ 6 －（回避1 ＋回避2 ＋回避3 ＋回避4 ＋回避5）/5

たとえば，表3-2の回答者番号1の人の親密性回避の尺度得点は，6－(1＋1＋1＋1＋1)/5＝5点となります。

3.3 尺度を評価する1 ── 信頼性

今回の調査で使用した愛着スタイル尺度は，本来の尺度の一部なので，たとえ先行研究で「きちんと測れる」尺度であるとわかっていても，短縮版でも同様であるとは限りません。新しく作成した尺度なら，なおさらのことです。それでは，新しく作成した，あるいは短縮版の尺度の性能を評価するためには，どうすればいいのでしょうか。そして，そもそも尺度が「きちんと測れる」とは，いったいどういうことなのでしょうか。

体重計のように物理量を測定する物差しは，短い期間に測るたびに数値が激変したり，間違えて体重以外のもの，たとえば身長を測ってしまったりといったようなことはありません。それは，測定したい概念の定義と，その操作的定義がほとんど一致していて，また物差し自体も発達しているからです。

しかし，心理尺度の場合は，そうはうまくいきません。心理学が測定したい構成概念は，物理量に比べて定義があいまいであることが多く，「概念的定義」と「操作的定義[*17]」を一致させることが難しいのです。また，測定の対象も人間ですから，物とは違っていろんな状況的要因によって同じように測れなかったり，回答がブレてしまうこともあります。そのことから，尺度がきちんと測りたいものを測れているかを，しっかりと評価し，性能が悪ければ改善していく必要があります。

心理尺度が良い尺度かどうかは，2つの観点から評価されます。それは，**信頼性（reliability）**と**妥当性（validity）**とよばれるものです。心理尺度はこの2つが十分に高いかどうかによって，

[*17] 第1章を参照してください。

「きちんと測れているか」を評価します。信頼性とは簡単にいえば,「尺度の測定誤差が小さいか」,妥当性とは「尺度が測定したい構成概念を正しくとらえているか」です。

次節からは,信頼性と妥当性のそれぞれの概念的な説明をしていきます。そして,信頼性と妥当性を評価するための方法について解説します。信頼性と妥当性は非常に大事な概念ですので,第4巻と第5巻で,また詳しく説明します。ここでは,簡単に説明しますので,概念的な理解を心がけてください。

3.3.1　信頼性係数

体重計で体重を量ったときに60 kgだったのが,1分後同じ体重計で測って55 kgになっていたら,その体重計は「信頼できない」といえるでしょう。尺度の信頼性とは,いつどのように測っても,測っているものがきちんと測れているかどうかを評価するものです。もう少し厳密にいえば,信頼性とは,尺度に測定誤差がどれほど含まれているかを吟味することです。測定誤差とは尺度が測っている対象とは関係のない,いわば「ノイズ」のことです。

測定誤差については後で詳しく述べますが,大きく分けて2つの理由によって発生します。ひとつは,尺度が測定したいものが,状況や環境によって変化してしまうようなときです。たとえば,尺度項目にあいまいな言葉が含まれていれば,状況によって回答者の解釈も変わってしまう場合があります。そのような場合,測定したいもの以外の要因が,得点に反映されてしまうのです。

もうひとつは,尺度項目独自に持っている情報が含まれる場合です。第2章で説明した,因子分析の共通性と独自性の話を思い出してください。共通性は項目間で共通の,独自性は項目が独自に持つ,情報の割合を表しています。独自性そのものは,決してでたらめな情報ではありませんが,尺度全体で測定しようとしている構成概念とは無関係な情報であるといえます。よって,独自性が大きい（共通性が小さい）ことは,尺度全体の測定誤差が大きいことを意味します。

続いて,その測定誤差以外の,尺度が測りたかった構成概念を反映した値のことを,真値とよびます。愛着尺度の場合はまさに,尺度得点の中で愛着の特性を反映した値のことであるといえます。

尺度得点は,この真値と測定誤差の和で表されます。つまり,以下のようになっています。

$$尺度得点 = 真値 + 測定誤差$$

信頼性は,この真値をきちんと測定できているかどうかを意味します。

信頼性は,数値化して評価することができます。その数値化されたものを信頼性係数とよびます。信頼性係数は,尺度得点が持つ情報のうち,構成概念の真の情報がどれほど含まれているかを表すものです。これを,尺度得点の分散を使うことで数値的に表現します。真値と測定

誤差には相関がないと考えられますので[*18]，尺度得点の分散は，真値の分散と測定誤差の分散の和で表すことができます。つまり，以下のようになります。

$$尺度得点の分散 = 真値の分散 + 測定誤差の分散$$

以上の式から，信頼性係数は以下のように表現することができます。

$$信頼性係数 = \frac{真値の分散}{尺度得点の分散}$$

これを図で表すと，図3-3のようになります。この図から，真値の分散が大きくなると信頼性が大きくなり，測定誤差の分散が大きくなると，信頼性係数が小さくなることがわかります。

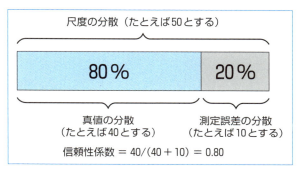

図3-3　信頼性係数のイメージ

3.3.2　信頼性の二側面

測定誤差が発生する要因には，大きく分けて2種類あることを説明しました。この測定誤差の種類から，信頼性も同様に2つの側面があることが知られています。それは，**安定性**と**一貫性**です。

安定性とは，いつ測定しても同じように測定できるかを評価する側面です。たとえば，愛着スタイルは幼少期からある程度安定したものであると考えられているので，1カ月期間をおいても点数はそれほど変わらないはずです。測定誤差の話と関連づければ，尺度の安定性の高さは，尺度があいまいなものでなかったり，時と場合によって解釈が変わってしまうようなものではない，ということができます。

次に，一貫性とは，それぞれの尺度項目が同じ構成概念を測定しているかを評価する側面です。**内的一貫性**ともよびます。たとえば，愛着スタイル尺度の短縮版の因子分析結果（表3-3）を見てみると，共通性はだいたい.50程度であるといえます。このことから，各項目が持つ情報の半分は他の項目と共通している情報を，もう半分は項目独自の，あるいはその他の測定誤差による情報を反映しているといえます。つまり，一貫性とは，「尺度項目の共通性がどれほど

[*18]　これは理論的に仮定されたものです。

大きいか」という指標であるといえます。ただ，項目数が多くなると，各項目の測定誤差の影響を小さくすることができるので，尺度の信頼性は共通性だけでなく，項目数によっても高くなります。

　尺度の信頼性は，安定性と一貫性に基づいてそれぞれ評価することができます。また，この2つ信頼性の側面に応じて，信頼性係数もそれぞれ提案されています。

3.3.3　安定性についての信頼性係数

　安定性についての信頼性係数は，再テスト信頼性とよばれる方法で評価できます。再テスト信頼性は，同じ回答者に時間をおいて調査を2回実施し，調査間の相関係数によって評価できます。

　図3-4のように，測定している真値の情報は時間をおいても一定であると考えると，変化するのは測定誤差のみと考えられます。そこで，2つの調査の相関係数が高い場合は，測定誤差の影響が相対的に小さいということがわかります。一方，相関係数が小さい場合は測定誤差の影響が大きい，つまり，信頼性が低いということがわかります。

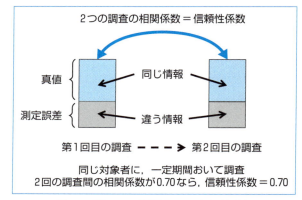

図3-4　再テスト信頼性による信頼性係数

　しかし，安定性についての信頼性を評価する場合は，注意点があります。それは，測定しようとしている構成概念が，そもそもどれほど時間的に安定したものであるか，という点です。たとえば，人に対する印象や好意は，1カ月もあれば変わってしまうこともあります。そのような場合に，2回の調査の相関係数が低くても，尺度の性能が悪いのか，そもそも測定しようとしている心の状態が変わったのかの区別がつきません。逆に，パーソナリティのように，時間によって変化しにくいと考えられる構成概念を測定する尺度の場合には，再テスト信頼性が高いことが重要です。

3.3.4　一貫性についての信頼性係数

　一貫性についての信頼性係数は，内的一貫性指標というもので評価できます。内的一貫性指標で有名なのは，クロンバックのα（アルファ）係数です。α係数は，「尺度得点の分散のうち，各項目が同一の対象を測定している分散（すなわち項目間の共分散）の割合」を意味しています。α係数は最大値が1になる指標なので，値が.80[*19]なら，80％は一貫した情報が測定

---

*19　α係数などの信頼性係数は常に1を超えないので，1の位の0は省略して表記します。

されているということがわかります。また，α係数は，心理尺度では.80程度あれば，高い内的一貫性があると判断されることが多いです。ただし，この基準もあくまで目安なので，固定的に判断するのはひかえましょう。

　α係数について少し補足をしておきましょう。α係数は実は正確な内的一貫性の推定値ではありません。実際の内的一貫性に比べて，やや小さめに推定されることがわかっています。ただ，実際に因子負荷量がすべての項目で等しいなら，α係数は正しいことになります。また，α係数は，尺度の中に共通性が低い項目（尺度全体と相関が低い項目）が混ざっていると，かなり低く推定されてしまいます。このことから，尺度全体と相関の低い項目を尺度から削ることで，α係数を高く維持することができます。ただし，基本的に内的一貫性は，項目数が多くなるほど高くなることが知られています。たとえば，英語能力を測定するのに，5問よりは50問解いてもらったほうが，受検者の能力を正確に測定できます。これは，項目数が多くなることで，項目それぞれの独自性の影響を小さくしていけるからです。このことからも，むやみに尺度項目を削るのは良い方法とはいえません。もし，内容的には削りたくないけど共通性が低い項目がある場合は，今から述べるω係数を計算するのも手です。

　より正確な内的一貫性を知りたい場合には，ω係数（第6巻第4章で詳しく取り上げています）という指標を利用します。ω係数は，因子分析によって推定された独自性の情報を活用して，α係数よりも正確に内的一貫性を推定することができます。因子負荷量が高い項目と低い項目が混在しているとき，α係数よりもω係数は高くなる傾向があります。前述したように，1つだけ共通性が低い項目があるときは，α係数よりもω係数を計算するほうが，正確に信頼性を評価できます。

　今回測定した短縮版愛着スタイル尺度の，内的一貫性を評価してみましょう。α係数は，「見捨てられ不安」についてはα = .84，「親密性の回避」についてもα = .84となりました。十分に高い内的一貫性が見られたといえそうです。なお，ω係数は両方の因子とも.85となり，少しだけ高く推定されていました。

3.4　尺度を評価する2 ── 妥当性

　体重計に乗って体重を量ろうとしたら実は身長が測定されていた……などということは，物理量の測定にはほとんどないことです。それは，物理量は概念の定義と測定の定義が，ほぼ一致しているからです。

　しかし，「体の大きさ」という漠然とした量を考えたとき，身長を測るべきか体重を量るべきかは，難しい問題です。この場合，身長と体重のどちらが，体の大きさを測るのに「妥当」といえるでしょうか。このような問題は心理尺度において，とても重要です。

　妥当性とは，尺度が測定したい構成概念がきちんと測れているか，という指標です。信頼性とどう違うのかが，これだけではわかりにくいかもしれません。信頼性は，尺度が測っている

ものの安定性と一貫性を評価するものでした。しかし，「測っているものが，そもそも測りたい構成概念かどうか」は，信頼性の観点からはわからないのです。その点，尺度が測っているものが，本当に測りたかったものなのかどうかについて考えるのが，妥当性です。このことからも，妥当性は信頼性よりも，より尺度の根幹に関わる評価基準であることがわかると思います。

3.4.1 従来の妥当性の考え方

妥当性についての考え方は，実は歴史的にもいろいろ変わってきています。ここでは，古典的な考え方の中で代表的なものと，近年の主流の考え方を併せて紹介します。

信頼性に2つの側面があったように，妥当性には3つの側面があることが主張されてきました。それは，**基準関連妥当性**，**内容的妥当性**，**構成概念妥当性**です。

● **基準関連妥当性** ● これは，理論的に予想される外的な基準を，尺度得点がきちんと予測できるかを確認するものです。たとえば，抑うつ症状を測定する心理尺度があるとしましょう。その場合，うつと診断されている人のほうが，一般の人よりもその抑うつ症状の得点が高くないと，尺度として意味がありません。基準関連妥当性は，多くの心理尺度の作成過程で必要な観点です。

● **内容的妥当性** ● これは，尺度項目の内容が，理論的な構成概念の定義と一致しているかを確認するものです。英語能力を測定するための試験に数学の問題が入っていては，明らかに妥当な試験とはいえません。また，英語の試験が英単語を問うような問題ばかりでも，英語能力全体を測定するのには妥当ではないでしょう。このように内容的妥当性は，意味的に妥当であるか，あるいは尺度が構成概念を偏りなく測定しているかを確認するものです。しかし，研究者の主観が入り込まざるを得ない，という特徴があります。

● **構成概念妥当性** ● これは，尺度が理論的な構成概念の関連を，正しく表現できているかを確認するものです。たとえば，図3-5を見てみましょう。ここでは例として，愛着スタイルと自尊心を挙げてみます。愛着スタイルの「見捨てられ不安」因子は，自信のなさと関係するので，自尊心と負の相関があることが予想されます。一方で，「親密性の回避」因子は他者への信頼のなさなので，自尊心とは関連がないと考えられます。もし，尺度が構成概念を正しく測定できているなら，理論的に関連があると予想される構成概念を測定している尺度同士にも，相関が生じるはずです。同様に，理論的に相関がないと考えられているなら，尺度間にも相関がないはずです。このように構成概念妥当性は，構成概念間の理論的な関連を，尺度同士でも表現できているかどうかが重要になります。

見捨てられ不安と自尊心のように，理論的に相関があると考えられるときに尺度間でも相関が見られる場合，**収束的妥当性**があるということがあります。また，相関がないと予想される

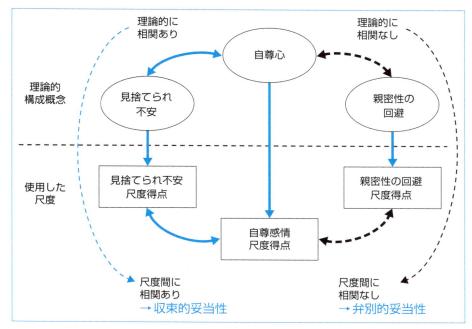

図3-5 愛着スタイル尺度の構成概念妥当性

ときに尺度間でも相関がない場合，**弁別的妥当性**があるといいます。さらに，愛着スタイル尺度のように，愛着の2因子が因子分析によって予想どおりに抽出されることを，**因子的妥当性**があるということもあります。このように，構成概念の妥当性は，理論的に想定される構成概念間の関係を尺度得点でどれほど再現できるか，という問題でもあります。

3.4.2 近年の妥当性の考え方

以上のように，古典的には妥当性は大きく分けて3つあり，それらを確認すれば妥当性があるといえる，という考え方でした。しかしメシック（Messick, 1989）は，「妥当性はすべて構成概念妥当性に集約される」という考えを打ち出し，近年ではその考えが主流となってきています（村山，2012）。

メシックは構成概念妥当性を，「テスト得点に基づいて構成概念を推論・解釈するとき，その推論・解釈を支える証拠の適切性に対する総合的な評価」と定義します。ここで重要なのは，「証拠の適切性に対する総合的な評価」という部分です。メシックが考えているのは，尺度の妥当性に3つの種類（基準関連妥当性，内容的妥当性，構成概念妥当性）があるのではなく，それらが「妥当性を検証するための証拠の一側面」である，ということです。このことから，内容的妥当性，基準関連妥当性，あるいは収束的妥当性，弁別的妥当性などと「～妥当性」とよばれていたものは，**内容的側面の証拠**，**外的基準による証拠**，などと言い方を変えています。また，尺度の信頼性についても**一般化可能性の側面の証拠**として，構成概念妥当性の一側面として含められています。信頼性と妥当性の関係については後で解説します。

このように，メシックの考える構成概念妥当性は，従来の古典的な妥当性をそれぞれ証拠の側面として位置づけた，包括的なものであるといえます。近年の妥当性の考え方についてのより詳細な説明は，第6巻を参照してください。

3.4.3 妥当性の検証

今回は，愛着スタイル尺度のほかに自尊心尺度も測定していました。そこで，外的側面の証拠を確認するため，自尊心尺度との相関係数を算出してみましょう。理論的には，「見捨てられ不安」因子は自尊心と負の相関が，「親密性の回避」は自尊心とは相関がないと考えられます。

実際に相関係数を計算してみると，見捨てられ不安因子は自尊心と $r = -.49$ の負の相関があり，統計的に有意でした。一方，「親密性の回避」因子は自尊心とほぼ0近い相関で，有意ではありませんでした。このことから，短縮版の愛着スタイル尺度は，外的な変数との関連から見た証拠では，一定の妥当性があるといえるでしょう。

本章では短縮版の信頼性と妥当性を検討しましたが，新しい心理的概念を測定するためにこれまでにない心理尺度を作成するときにも，本章で述べた手続きは有効です。

3.4.4 信頼性と妥当性の関係

妥当性の解説を読み，「妥当性はとても広い概念だなぁ」と思った人も多いでしょう。前述のように，「信頼性は妥当性の一部である」という考え方もありますから，妥当性のほうが信頼性よりも尺度にとっては根本的なものであるといえます。

では，信頼性がなぜ妥当性の一部になるのかについて，簡単に説明しておきましょう。信頼性は，尺度得点にどれほど測定誤差が含まれているかを表すものです。測定誤差とは，構成概念とは無関係な情報のことです。つまり，構成概念と無関係な情報を測定しているということは，尺度得点は構成概念を反映していないということですから，妥当性が低くなることがわかると思います。よって，信頼性が低い尺度は，同時に妥当性も低い尺度であるといえるのです。

逆に，信頼性が高ければ妥当性も高いとは限りません。たとえば，信頼性の一側面である一貫性は，尺度項目がすべて共通した情報を測定しているかどうかを評価するものでした。ここで極端な話，すべての項目が同じ文章だったとしたら，どうでしょうか（図3-6）。項目間の相関は1に近くなるでしょうから，信頼性係数もかなり高くなります。しかし，構成概念を妥当に測定しているとはいえないでしょう。なぜなら，性格の温かさという構成概念は，「温かい」という言葉だけで表現できるとは考えにくく，「親しみやすい」や「やさしい」といったいろいろな言葉の共通部分から類推できるものだからです。また，極端に類似した項目で構成概念を測定すると，各項目の測定誤差にも相関が生じてしまいます。それによって，実際に尺度が持つ信頼性に比べて，計算された信頼性係数を不当に高くしてしまうことも問題となります。

これらのことから，信頼性は妥当性の一側面である一方，信頼性だけが高い尺度は妥当ではないといえるのです。

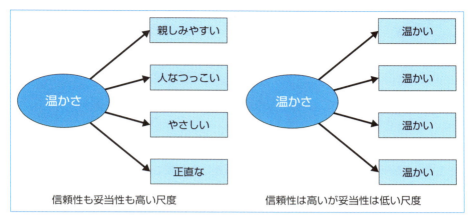

図3-6　信頼性と妥当性の関係

3.5 本章で取り上げた心理学をもっと勉強するために

　愛着理論はもともと発達心理学の分野で，ボウルビィによって作られた理論で，母親と子どもの愛着関係を中心に研究が行われていました。社会心理学ではその愛着理論を発展させ，成人の愛着スタイルの理論が提唱されました。成人の愛着スタイルの研究では，主に恋愛関係などの異性との親密な対人関係おける影響などが分析されています。

　成人の愛着理論については，たとえば金政（2012）にわかりやすく解説されています。この本では，愛着理論と親密な対人関係の関係についても言及されています。また，二宮ら（2013）の18章4節に，愛着理論の個人差についての解説があります。

【文献】

Bartholomew, S. & Horowitz, L. M.（1991）. Attachment styles among young adults：A test of a four-category model. *Journal of Personality and Social Psychology*, **61**, 226-244.
Bowlby, J.（1969）. *Attachment. Attachment and Loss, Vol.1*. Basic Books.
Hazan, C. & Shaver, P.（1987）. Romantic love conceptualized as an attachment process. *Journal of Personality and Social Psychology*, **52**, 511-524.
金政祐司（2012）．対人魅力の概念——友情，愛情．大坊郁夫編　幸福を目指す対人社会心理学——対人コミュニケーションと対人関係の科学．ナカニシヤ出版．pp.72-95.
Messick, S. A.（1989）. Validity. In R. L. Linn（Ed.）, *Educational Measurement*. 3rd ed. Macmillan. pp.13-103.
村山　航（2012）．妥当性——概念の歴史的変遷と心理測定学的観点からの考察．教育心理学年報，**51**, 118-130.
中尾達馬・加藤和生（2004）．"一般他者"を想定した愛着スタイル尺度の信頼性と妥当性の検討．九州大学心理学研究，**5**, 19-27.
二宮克美・浮谷秀一・堀毛一也・安藤寿康・藤田主一・小塩真司・渡邊芳之　編集（2013）．パーソナリティ心理学ハンドブック．福村出版．
詫摩武俊・戸田弘二（1988）．愛着理論から見た青年の対人態度——成人版愛着スタイル尺度作成の試み．東京都立大学人文学報，**196**, 1-16.
山本真理子・松井　豊・山成由紀子（1982）．認知された自己の諸側面の構造．教育心理学研究，**30**（1），64-68.

問1：第1章のデータを用いて，自尊心尺度のα係数を計算してみましょう。

問2：ソフトウェアを用いて，愛着スタイル尺度のデータの因子分析を実行してみましょう。そして，因子得点を計算し，尺度得点との違いを比較してみましょう。

問3：今回の10項目版の愛着スタイル尺度から，今度は各因子3項目ずつを選んだ6項目版の短縮版を作成してみましょう。そして，10項目版の尺度との相関係数も計算してみましょう。

第4章 似ている人は好き？ ——単回帰分析

4.1 人を好きになること——対人魅力

第3章では，人間関係をどうとらえるかについての個人差を扱いました。本章では，人を好きになることについて，またその原因に注目します。

4.1.1 対人魅力とは

社会心理学では，他者のことを好きになることを**対人魅力（interpersonal attraction）**とよびます。魅力と聞くと，好かれる人が持つ特徴のように思うかもしれませんが，魅力を感じる側に焦点を当てて考えます。また，社会心理学では，対人魅力を第1章で解説した態度の一種だと考えます。つまり，人に対する肯定的な態度として定義するのです。特定の誰かのことを「素晴らしい人だ」と考えたり，「ドキドキする」と感じたり，「会いたい」と思ったり，そういった心理的な現象すべてが，対人魅力ということになります。

さて，この対人魅力ですが，社会心理学では古くからたくさんの研究が行われてきました。なぜ人のことを好きになるのか，なぜ人のことを嫌いになるのか。人を好きになる原因がわかると，なんだか人間のことをとてもわかったような気になりそうです。実は，「こういう条件があれば絶対に好きになる」といったことはわかっていないのですが，「こういう条件があれば好きになりやすい」といったことはわかってきています。本章では，人を好きになることの原因について考えてみましょう。

4.1.2 類似性魅力仮説

人はどんな人を好きになりやすいのでしょうか。バーンとネルソン（Byrne & Nelson, 1965）は，人は「似ている人」を好む傾向にあるということを明らかにしました。たとえば，初めて会った人があなたと同じ音楽を好きだということがわかると，なんとなく親近感がわくでしょう。あるいは，自分が応援しているチームを同じように応援している人を，なんとなく友だちになりやすいかな，と思うでしょう。バーンらは，人々が直感的に思っていたことを科学的に検討したのです。

バーンらは，初対面の人でも，態度が似ているほど好きになるだろうと予測して，次のような研究計画を立てました。まず，実験に参加した人に，いくつかの領域についての態度（サークルについてとか，宗教についてなど）を，リッカート形式で6段階で測定しました。その後，別の人の回答結果を見せて，その人への好意度を尋ねました。このとき，自分が高い得点をつけた領域について同様に高い得点をつけた人，つまり「態度が似ている人」ほど好意度が高くなることを発見したのです。これを，類似性魅力仮説とよびます（図4-1）。バーンらはたくさんの研究から，この仮説が正しいことを証明しました。

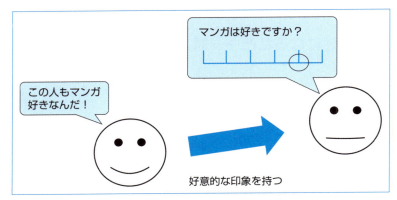

図4-1　類似性魅力仮説のイメージ

では，バーンらはどのようにして「態度が似ているほど好意度が高くなる」ことを明らかにしたのでしょうか。もう少し具体的に類似性魅力仮説について解説しましょう。

実験参加者は，自分と同じ項目について回答した人の態度得点だけを見て，好意度を評定するように求められました。その際，好意度は7件法の尺度2項目[*20]で測定しました。バーンらは態度の類似性を，「たくさんの態度の項目について，同じように点数をつけた態度の数[*21]」として定義しました。そして，一致した態度の数が多くなるにつれて，好意度が高いことが明らかとなったのです。好意度を評定した相手のことは調査票の回答結果しか知らないので，外見や性格の良さなどとは関係のない，態度の類似度のみの効果といえるでしょう。

また，バーンらは，態度の類似度が1つ大きくなると，平均的にどれくらい好意度が高くなるかも計算しています。実際，まったく似ていない人は平均して6.6点程度，全部の態度項目が一致した人は平均して12点程度であることがわかりました。好意度は2〜14点の範囲（7件法×2項目）なので，態度が一致している人をとても好いていることがわかるでしょう。

[*20] 「その人のことが好きになれそうな気がする」と「その人と一緒に仕事ができると嬉しい」といった項目です。

[*21] 実際は6段階で評定したものを，お互いに3点以下につけていた，あるいはお互いに4点以上をつけていたときに一致，そうでない場合に不一致として，一致した個数を「態度の類似性」としています。また，研究では態度の一致数ではなく，一致した比率を用いていますが，ここではわかりやすさのために数で説明します。

このように，バーンらは，態度がどれくらい一致すれば好意度が何点ぐらいになるかを「予測」しました。

このような得点の予測をするための方法を，**回帰分析（regression analysis）**といいます。回帰分析は，ある変数が高くなるほど，知りたい変数がどのように変化するかを明らかにできます。それでは，次節から回帰分析について解説していきましょう。

4.2 回帰分析で類似性魅力仮説を検証する

回帰分析では，予測したい変数と，それを予測する変数を区別します。予測したい変数を**目的変数**，予測する変数を**説明変数**とよびます。

目的変数とは，モデルの目的となる変数のことで，本節では好意度に該当します。これをときに**従属変数**といいます。そして説明変数は，目的変数を説明するための変数だから，説明変数とよびます。類似性魅力仮説では，態度の類似性がそれにあたります。**独立変数**といってもよいです。

回帰分析では目的変数は1つだけですが，説明変数は複数であってもかまいません。説明変数が2つ以上のときは，**重回帰分析**とよぶことが多いです。そして説明変数が1つだけのときは**単回帰分析**とよぶことがあります。ただ，どちらも回帰分析である点は同じです。本章では単回帰分析について解説します。重回帰分析については次の第5章で解説します。

4.2.1 説明変数が1つの回帰分析 ── 単回帰分析

それではまず，説明変数が1つだけの単回帰分析を解説するため，好意度を態度の類似性によって予測できるかどうかを検討することにしましょう。態度の類似性は，好意度の高さを予測することができるでしょうか。

バーンらの研究に似せて，人工データを作成しました。25人を対象に実験をして，好意度と態度の類似性を測定したというストーリーです。結果，表4-1のようなデータが得られたとします。好意度は7件法で測定した2項目の合計値，類似度は20個の態度項目について一致していた数であるとします。

好意度が態度の類似性によって予測できるかどうかは，まずは散布図（図4-2）を見ればある程度の傾向を知ることができます。図4-2のように，好意度に対して態度の類似性は，右肩上がりの関連があることがわかります。第3章で登場した相関係数を計算すると，その関連の強さを知ることができます。

表4-1 好意度と態度の類似性のデータ（人工データ）

ID	好意度	類似度
1	8	10
2	8	11
3	9	14
4	11	11
5	7	14
6	10	6
7	11	14
⋮	⋮	⋮
24	11	20
25	7	6
平均値	8.68	9.92
分散(SD)	7.56(2.75)	22.49(4.74)
共分散		9.06

結果は，$r=.70$ と高い正の相関係数を得ました。

相関係数は，変数間の関連の強さはわかりますが，変数の得点を予測することができません。それに対して回帰分析は，「説明変数が1点変化したとき，目的変数が平均的に何点変化するか」を知ることができます。また，回帰分析は変化の仕方は一定と考えるので，図4-2のように直線的な関係を仮定しているともいえます。

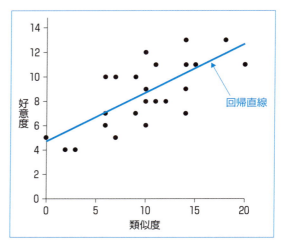

図4-2 好意度と類似性の散布図

図4-2の散布図には，青い線が引かれています。この線は，態度の類似性の変化に対する好意度の平均的な変化を表しています。この直線を**回帰直線**とよびます。好意度と類似性の変化の関係がわかれば，態度の類似性から好意度の予測値を知ることができるでしょう。回帰分析は，「回帰直線を推測する統計手法である」ということができます。

直線は，中学時代に学習した一次関数のように，$y=ax+b$ の形で表現することができます。a は傾きで，b は切片です。本章の例では，y は好意度の予測値で，x は態度の類似性を意味していますから，以下のように式を書くことができます。この式を**回帰式**とよびます。回帰式では，予測される側の変数を左辺に，予測する側の変数を右辺に書きます。

$$\text{好意度} = \text{切片} + \text{傾き} \times \text{態度の類似性}$$

上の回帰式では，慣例に従って切片を1番目に置いています。回帰分析では，直線の傾きのことを**回帰係数**とよびます。回帰係数は，説明変数が1単位増加したときの，目的変数の平均的な変化量を意味しています（図4-3）。つまり，類似した態度の項目が1つ増えると，好意度の予測値が平均的に何点増えるのかを意味しているということです。切片は，説明変数が0点のときの，目的変数の予測値です。

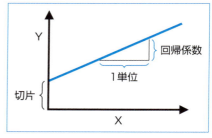

図4-3 回帰係数と切片

4.2.2 回帰係数と切片の推定

単回帰分析の回帰係数は，比較的簡単に計算することができます。回帰係数はすでに述べたように，説明変数1単位の変化に対応する目的変数の変化量です。すなわち，「説明変数と目的

変数の関連の強さを，説明変数の単位で調整したもの」ということになります。これを式で表すと，以下のようになります。

$$回帰係数 = \frac{説明変数と目的変数の共分散}{説明変数の分散}$$

共分散というのは，説明変数と目的変数の関連の強さを表す指標です（詳しい解説は，第1巻第4章を参照してください）。それを説明変数の散らばりを意味する分散で割ることで，説明変数が1単位変化したときの目的変数の平均的な変化量が計算できるのです。

表4-1より，説明変数と目的変数の共分散は9.06，態度の類似性の分散は22.49なので，回帰係数は，以下のようになります。

$$回帰係数 = \frac{9.06}{22.49} = 0.40$$

つまり，類似した態度の項目が1つ増えると，平均的に0.40点分の好意度が上昇する，ということがわかります。

回帰係数がわかれば，切片は簡単に計算できます。回帰式を変形することで，次のような式が得られます。

$$切片 = 好意度の平均値 - 回帰係数 \times 態度の類似性の平均値$$

表4-1より，好意度の平均値は8.68，態度の類似性の平均値は9.92なので，切片は以下のとおりです。

$$切片 = 8.68 - 0.40 \times 9.92 = 4.71$$

ここでの計算結果は，四捨五入によって値を丸めた影響で表4-2の結果と少しずれていますが，ほぼ同じ結果です。計算した回帰係数と切片を式で表すと，以下の回帰式になります。

$$好意度の予測値 = 4.71 + 0.40 \times 態度の類似性$$

図4-2の青い直線は，この回帰式を描画したものです。この式から，好意度は類似した態度の項目数を0.40倍して4.71点を足した値で予測することができる，ということがわかります。たとえば，一致した態度の数が10個の人の好意度は，$0.40 \times 10 + 4.71 = 8.71$と予測できます。

表4-2　回帰分析の結果

変数名	係数	標準誤差	t値	df	p値	95％下限	95％上限
切片	4.69	0.95	4.92	23	.000	2.71	6.66
回帰係数	0.40	0.09	4.63	23	.000	0.22	0.58

なお，回帰分析を行うと，以上のような出力が得られます。このデータの分析結果を表4-2に示します。以下では，この表に基づいて説明を続けます。

4.2.3　回帰係数の信頼区間

表4-2に「95％下限」「95％上限」とあります。回帰係数の行を見ると下限が0.22，上限が0.58となっています。これは何の値でしょうか。回帰係数は0.40でしたが，これは25人のデータから計算した値です。しかし，25人の標本は，母集団の特徴を完全に再現するように抽出できていないはずなので，母集団の回帰係数（母回帰係数）の値は，0.40からは少し離れているところにあると考えられます。

第1巻では，標本平均は母平均の良い推定量だけれども，母平均から多少ずれることを説明しました。母集団を完璧に代表するように標本抽出することはできないからです。ここでも同様に，標本から計算した回帰係数は，母回帰係数とは一致しません。しかし，回帰係数がどれくらい母回帰係数の推定値として有効かを評価することはできます。

そのひとつが信頼区間です（第1巻第7章を復習してください）。信頼区間は，簡単にいえば標本統計量（ここでは回帰係数）を中心として，母数（ここでは母回帰係数）がどれくらいの範囲にあるのかを示す区間のことです（図4-4）。

信頼度を95％にするなら，95％の確率で母数がその範囲に含まれることを意味します[*22]。回帰係数の95％信頼区間を計算するためには，回帰係数とその標準誤差を用いて，以下のように計算します。

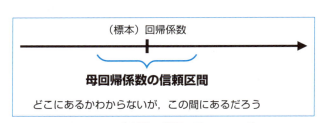

図4-4　回帰係数の信頼区間のイメージ

$$95％下限 = 回帰係数 - 95％臨界値 \times 標準誤差$$
$$95％上限 = 回帰係数 + 95％臨界値 \times 標準誤差$$

このとき，95％臨界値とは，ある自由度のt分布における95％の範囲をとる値のことです。

---

*22　ここで注意が必要なのは，母数が確率的にその範囲に入るのではなく，たくさんある信頼区間の中で，95％はその範囲に母数を含んでいるという意味です。確率的に変動するのは母数ではなく，信頼区間のほうです。

自由度は，標本サイズから推定した母数の数を引いたものを用います。単回帰分析の場合は切片と回帰係数の2つを推定していますので，自由度は標本サイズ－2，ここでは25－2＝23となります。自由度23のt分布における95％臨界値は2.07となります。

続いて，標準誤差（第1巻第5章を参照）とは回帰係数の推定精度を表すもので，これが大きいほど回帰係数の推定が不正確であることを意味しています。また，標本サイズが大きいほど，標準誤差は小さくなる性質を持っています。大きい標本で推定するほうが，より回帰係数を高い精度で推定できる，ということです。

回帰係数の標準誤差は，回帰分析を実行できるソフトウェアを用いれば，ふつう回帰係数と同時に出力してくれます。表4-2にもあるとおり，好意度に対する態度の類似性の回帰係数の標準誤差は0.09でした。よって母回帰係数の95％信頼区間は以下となり，表4-2と近い結果になりました[*23]。

$$95\%下限 = 0.40 - 2.07 \times 0.09 = 0.21$$
$$95\%上限 = 0.40 + 2.07 \times 0.09 = 0.59$$

つまり，0.21〜0.59の範囲に95％の信頼度で母回帰係数がありそうだ，ということがわかるわけです。

4.2.4 回帰係数の有意性検定

同様の手続きで，回帰係数の有意性検定を行うこともできます。表4-2には，回帰係数のt値＝4.63とp値＝.000があります。これらの値についても説明しましょう。

母集団において，母回帰係数は本当は0であり，25人の標本でたまたま0.403という回帰係数が得られただけなのかもしれません。こういうことが起こりうるかどうかを検討します。「母回帰係数が0である」という帰無仮説のもとで，今回の回帰係数の値がどれくらい得られそうか，という確率（p値）を計算します。p値が5％よりも小さいとき，「母回帰係数が0である」という帰無仮説を棄却し，「母回帰係数は0ではない」という対立仮説を採択することになります。

回帰係数の検定統計量は，信頼区間と同様にt値を用います。t値は以下の式で計算することができます。

$$t値 = \frac{回帰係数}{回帰係数の標準誤差} = \frac{0.40}{0.09} = 4.44$$

この式で求めたt値[*24]が，自由度23のt分布における両側95％臨界値よりも大きいならば，

---

*23 ここでも四捨五入による丸め誤差の影響で，完全には一致しません。
*24 ここでも四捨五入の影響で，表4-2の結果と少し違っています。

回帰係数が0であるという帰無仮説を棄却することができます。この値は自由度23の95％臨界値の2.07よりも大きいので，5％水準で有意であるといえます。実際，表4-2より，p値は.000であり，.050よりも小さくなっています。つまり態度の類似性の母回帰係数は0ではない，と主張することができます。

切片についても同様に，母切片の95％信頼区間を考察することができます。切片＝4.69は25人のデータから推定した値です。25人のデータが母集団に似ていなければ，母切片は4.69から離れているでしょう。ふつう，25人のデータが完全に母集団を再現していることはないので，母切片は4.69から多かれ少なかれ離れているはずです。そこで，95％信頼区間を見ることで，母切片がどのあたりにあるのか見当をつけることができます。また，母切片が0であるという帰無仮説について，t検定を行うことができます。表4-2を見ると，$t = 4.92$（$p = .000$）となっており，切片が0であるという帰無仮説は棄却されています。

4.3 予測力を評価する

4.3.1 予測値と残差

このように回帰分析を用いると，説明変数の得点が決まれば，目的変数の値を予測することができるようになります。しかし，図4-5を見ればわかるように，回帰直線から大きく外れている人も少なからずいるようです。回帰直線はあくまで平均的な予測を意味するもので，すべての人に同じような予測ができるわけではないのです。

そこで，一人ひとりの得点を正確に表現するために，好意度の予測値

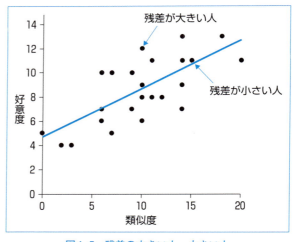

図4-5　残差の大きい人，小さい人

と実際の好意度の値の差に注目することがあります。この予測値と実際の値の差を，**残差**とよびます（図4-5）。

表4-3に，25人分の好意度得点とその予測値，残差を示しました。表を見ると，残差得点が負の得点の人と正の得点の人がいます。それもそのはずで，予測値は好意度の平均的な予測を行っているため，予測値よりも高い人と低い人が同じくらいずついます。その結果，残差の平均値は必ず0になります。また，予測値の平均は好意度の平均になっています。

残差は，回答者ごとの予測の当てはまりの程度を意味しています。つまり，残差の絶対値が

表4-3 予測値と残差得点

ID	好意度	予測値	残差	好意度の偏差	予測値の偏差
1	8	8.71	−0.71	−0.68	0.03
2	8	9.11	−1.11	−0.68	0.43
3	9	10.32	−1.32	0.32	1.64
4	11	9.11	1.89	2.32	0.43
5	7	10.32	−3.32	−1.68	1.64
6	10	7.10	2.90	1.32	−1.58
7	11	10.32	0.68	2.32	1.64
8	5	4.69	0.31	−3.68	−3.99
9	5	7.50	−2.50	−3.68	−1.18
10	6	8.71	−2.71	−2.68	0.03
11	10	8.31	1.69	1.32	−0.37
12	7	8.31	−1.31	−1.68	−0.37
13	13	11.93	1.07	4.32	3.25
14	11	10.73	0.27	2.32	2.05
15	4	5.89	−1.89	−4.68	−2.79
16	12	8.71	3.29	3.32	0.03
17	6	7.10	−1.10	−2.68	−1.58
18	13	10.32	2.68	4.32	1.64
19	10	7.50	2.50	1.32	−1.18
20	9	8.71	0.29	0.32	0.03
21	8	9.52	−1.52	−0.68	0.84
22	12	8.71	3.29	3.32	0.03
23	4	5.49	−1.49	−4.68	−3.19
24	11	12.74	−1.74	2.32	4.06
25	7	7.10	−0.10	−1.68	−1.58
平均値	8.68	8.68	0	0	0
2乗和	2065	1971.08	93.92	181.44	87.52

※偏差とは，各値から平均値を引いたものを意味します。

大きいほど，その人は回帰分析による予測がうまくいっていない，逆に残差の絶対値が小さい人は回帰直線の近くにデータがあり，回帰分析でよく予測できているといえます。

このことから，この残差の程度を全体的に評価することで，回帰分析そのものの予測がどれほどうまくいっているかを知ることができそうです。具体的には，それは残差の2乗和を計算することで知ることができます。2乗和は値を2乗して足したものですから，みんなの残差の絶対値が大きければ，2乗和も大きくなります。

表4-3の2乗和を見ると，以下の関係に気づくと思います。

> **好意度の2乗和（2065）＝ 予測値の2乗和（1971.08）＋ 残差の2乗和（93.92）**

これは偶然ではありません。単回帰分析は，目的変数の2乗和を，説明変数の2乗和と残差の2乗和に分解します。そして，同様のことは偏差の2乗和[*25]についても成り立ちます。偏差とは，平均値と各値の差のことです。偏差の2乗和は，分散の計算で最後に「標本サイズ−1」

で割る1つ手前の値です。目的変数と予測値の偏差の2乗和は，具体的に以下のようになっています。

好意度の偏差2乗和（181.44）＝ 予測値の偏差2乗和（87.52）＋ 残差の2乗和（93.92）

4.3.2　決定係数

前節で解説した2乗和の関係を図示すると，図4-6のように表現できます。そこで，目的変数の偏差2乗和のうち，残差の2乗和が占める割合を考えると，回帰分析の予測がどれほどうまくいっていないかを，以下の式で表現することができそうです。

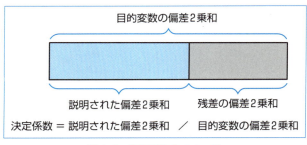

図4-6　決定係数のイメージ

$$予測の悪さ = \frac{残差の2乗和}{目的変数の偏差の2乗和}$$

この値は，0〜1の値をとり，1に近いほど残差の2乗和が大きいため，予測が悪いことを表しています。そして，この予測の悪さを1から引くと，予測の精度がどれほど高いかを表す比率となります。この予測精度の高さのことを，**決定係数**とよびます。

$$決定係数 R^2 = 1 - 予測の悪さ = 1 - \frac{残差の2乗和}{目的変数の偏差の2乗和}$$

決定係数は，目的変数の散らばりを説明変数によってどれくらい説明できるかを表し，0〜1の範囲をとる指標です。決定係数が0のときは，回帰分析で予測がまったくできていないことを意味しています。逆に決定係数が1のとき，説明変数で完璧に目的変数の値を予測することができることを意味しています。

また，予測値の偏差の2乗和と残差の2乗和を足すと，目的変数の2乗和になるので，決定係数は次の式でも表現できます。

[*25]　偏差の2乗和のことを，**偏差平方和**とよぶことがあります。同様に，残差の2乗和を**残差平方和**，予測値の偏差平方和を**モデル平方和**とよぶこともあります。

$$\text{決定係数}R^2 = \frac{\text{予測値の偏差2乗和}}{\text{目的変数の偏差の2乗和}}$$

さらに，分母と分子を自由度（$N-1$）で割ると以下になるので，決定係数は目的変数と予測値の分散の比であるともいえます。

$$\text{決定係数}R^2 = \frac{\dfrac{\text{予測値の偏差2乗和}}{N-1}}{\dfrac{\text{目的変数の偏差の2乗和}}{N-1}} = \frac{\text{予測値の分散}}{\text{目的変数の分散}}$$

そのため，決定係数を分散説明力（あるいは単に説明力）ということもあります。因子分析（第2章）で説明した共通性と，性質が非常に似ている指標です。

さて，それでは好意度に対する態度の類似性についての，回帰分析の決定係数を計算してみましょう。表4-3にあるように残差の2乗和は93.92で，好意度の偏差の2乗和が181.44だったので，以下のようになります。

$$\text{決定係数}R^2 = 1 - \frac{93.92}{181.44} = 0.48$$

つまり，態度の類似性を知れば，好意度の程度を48%ぐらいは的中させることができる，ということがわかります。このことから，態度の類似性を知れば，好意度が高いかどうかはかなりの確率で予測できることがわかりました。

単回帰分析に限った話ですが，実はこの決定係数は，目的変数と説明変数の相関係数を2乗したものと一致します。

$$\text{決定係数}R^2 = \text{目的変数と説明変数の相関係数の2乗}$$

このことから，相関係数と単回帰分析は，密接な関係にあることがわかると思います。相関関係が高いほど，単回帰分析の予測力が高いといえるのです。なお，決定係数はR^2という記号を用います。これは相関係数の2乗という意味が込められています。

実際に計算してみると，相関係数が.70だったのでそれを2乗すると，ほぼ0.48となります（丸め誤差の範囲）。また，決定係数は1を超えることがない値のため，p値と同様，論文やレポートで報告するときは$R^2 = .48$と1の位の0を省略して報告します。

4.4 回帰分析を実行するための前提

　本章では，単回帰分析について解説してきました。単回帰分析は，目的変数を1つの説明変数によって予測・説明をするときに使う，とても有力な武器です。社会心理学でも，多くの研究で単回帰分析を用いています。

　しかし，どんな統計手法にも前提条件があって，それが満たされたときにはじめて正しい結論を導くことができます。本節では，回帰分析で正しく回帰係数や残差分散が推定できるための条件について解説します。

4.4.1 回帰係数の標準誤差を正しく推定するための条件

　回帰係数の推定は，残差の分散を最小にするという方法（最小二乗法）によって行っています。最小二乗法による回帰直線の推定は，データがどんな分布であったとしても，偏りのない推定量[*26]になることが知られています。

　しかし，回帰係数の標準誤差については別です。標準誤差は4.2節で解説したように，回帰係数の信頼区間や検定に用いるものです。標準誤差の推定がうまくいかないと，回帰係数の信頼区間の推定や有意性検定を正しく行えません。心理学の分析の多くが，その信憑性の証明として信頼区間や検定に頼っていることを考えると，標準誤差を正しく推定できないことは大きな問題であるといえるでしょう。

　回帰係数や切片などの標準誤差が正しく推定されるためには，以下に挙げるようないくつかの条件が必要です。

> **標準誤差の正しい推定のための条件**
> ① 残差の独立性 ── それぞれの残差が無関係。
> ② 残差の分散の均一性 ── 残差が均一に散らばっている。
> ③ 残差の正規性 ── 残差の分布が正規分布である。

　この3つの条件が満たされている必要があります。ここではそれぞれの条件の詳細については述べませんが，どういうタイプのデータだと回帰分析の標準誤差がうまく推定できないかについて，解説しておきます。

4.4.2 残差が独立でない場合

　今回の調査では，1人につき1回しかデータを収集していませんが，たとえば縦断調査のように，10人の調査参加者に対して1週間ごとに5回，朝食のカロリー摂取量とジョギングの走行

[*26] このような推定量のことを**不偏推定量**といいます。

距離を聞いたとします。データは全部で10人×5回＝50です。朝食をしっかり食べるほうが走行距離は長くなるので，この2つの変数には正の共変関係があります。このとき回帰分析を行えば，回帰直線は右肩上がりになります。

ここで，10人の参加者のうち，朝食を食べる量がほとんど同じであるAさんとBさんに注目します。Aさんは高校時代に陸上部だったので，走行距離は長いとします。一方，Bさんはダイエットのために，最近ジョギングを始めたばかりだとします。すると図4-7のように，Aさんのデータは回帰直線の上にありますが，Bさんのデータは回帰直線の下にあります。これは，Aさんの残差（回帰直線からの距離）が正に偏っていて，Bさんの残差が負に偏っていることを意味しています。つまり，Aさんの5個の残差は互いに独立ではないです。同様に，Bさんの5個の残差も独立ではないです。

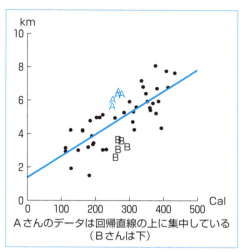

図4-7　残差が独立でない例

このように，同じ人のデータを収集するとき，個人によって目的変数Yが違っているような場合，残差が独立ではなくなります。この例の場合，Aさんの5つのデータをそれぞれ独立なものとして扱う回帰分析は，適切ではないことになります。

別の例も挙げてみましょう。たとえば，20の高校から3年生100人を対象に，読書量（X）と読解力（Y）の調査をしたとします。データは全部で2000です。読書量が多いほど一般に読解力は高くなるので，X→Yの回帰分析を行うと回帰直線は右肩上がりになります。ところで，ある高校Aは県内でも指折りの進学校だとします。すると先ほどの例と同様に，A高校のほとんどの生徒は，回帰直線よりも上に配置されることになるでしょう。したがって，A高校の生徒のデータは残差が正に偏ります。また，A高校だけでなく，各高校内で生徒の残差の傾向は似てきます。このようなときも，残差は各学校内で独立であるとはいえません。

以上のように，何らかの原因で一部の残差に局所的に似た傾向があるとき，「残差が独立でない」といいます。上記のような例は，データが「個人から複数測定する」「学校の中に個人が複数いる」というように，階層構造を示しています。このようなときは，階層線形モデルという方法が有効です（第4巻第3, 4章を参照してください）。

4.4.3　残差の分散が均一でない場合 (*27)

平均値の差の検定（t検定）において群間の分散が異なるときは，t検定ではなく，ウェルチの検定を使って補正していました（第2巻第2章を参照）。このことと同様に，説明変数の値に

よって残差の性質が違っていると，回帰分析では正しい標準誤差を推定することができなくなります。

残差分散が均一ではないとは，説明変数の得点それぞれによって，目的変数の分散が違っていることを意味します（図4-8）。たとえば，態度の類似性が1点のとき，2点のとき，のように，それぞれで好意度の分散が異なっていると，標準誤差が正しくない，つまり回帰分析の推定精度が正しく評価できなくなります。

残差分散が均一か不均一かを知るにはいくつか方法がありますが，最も簡単で便利なのは，残差得点の2乗と説明変数の間に相関があるかどうかを見る方法です。ためしに，好意度を態度の類似性で回帰したときの残差を2乗した得点と，態度の類似性との相関係数を算出してみ

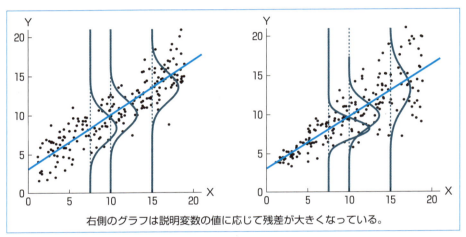

右側のグラフは説明変数の値に応じて残差が大きくなっている。

図4-8　均一分散（左）と不均一分散（右）のイメージ

質問コーナー

残差の分散が不均一な場合の対処法を教えてください。

　本章でも取り上げたように，まずは，測定しているカテゴリなどで残差分散が大きく異なっていないか確認しましょう。もし異なっている場合は，別々に回帰分析を行うなどの対処が可能です。グループ分けをしても残差分散の不均一性が解決しない場合は，奥の手として，**ロバストな標準誤差**を計算する方法があります。ロバストとは「頑健な」という意味で，「分析の仮定がある程度崩れていても，検定結果が不正確になりにくい」という理解をしておけば，ここでは大丈夫です。ロバストな標準誤差を利用すれば，ある程度の不均一分散の問題は対処できますが，これはあくまで，さまざまな努力の最後に使う奥の手であることを理解しておきましょう。なお，ロバストな標準誤差を利用するのに似た方法として，第8章で解説するブートストラップ法による検定を用いる方法もあります。

＊27　「分散が均一である」とは，別の言い方をすると，「残差がすべて同じ確率分布に従っている」ことを意味します。

ました。すると $r=0.03$ と小さく，非有意でした。このことから，今回の例では分散が均一であったといえそうです。

残差の分散が不均一であるときは，残差の性質が異なるグループがわかるなら，別々に回帰分析をすることが有効です。

4.4.4 残差の分布が正規分布でない場合

回帰分析では，残差が正規分布に従っていると仮定します。残差が正規分布に従っていないと，回帰係数の検定や母回帰係数の信頼区間の推定が，不正確になります。

たとえば，目的変数が順序尺度水準によって測定されたデータは，残差も正規分布にならないことが多いです。極端な場合，目的変数が「はい・いいえ」といった2値で測定されたデータは，回帰分析で分析するには向いていません[*28]。このような，残差が正規分布にならないデータを分析するときは，データの分布に合った手法を用いることで対応することができます[*29]。これらについては，第7巻などを参照してください。

4.5 本章で取り上げた心理学をもっと勉強するために

「人をなぜ好きになるのか」というテーマは，20世紀の初頭から社会心理学ではさまざまな角度から研究が行われてきました。特に，対人魅力のなかでも恋愛感情については，さまざまな理論・尺度が提案されています。とはいえ，まだ対人魅力の謎がすべて明らかにされたわけではありません。

対人魅力については，奥田（1997）が網羅的に解説していて勉強になります。この文献では，類似性魅力仮説以外にも，さまざまな対人魅力の原因について紹介されています。また，愛情や友情については，金政（2012）や清水（2012）に詳しいです。

【文献】
Byrne, D. & Nelson, D. (1965). Attraction as a linear function of proportion of positive reinforcements. *Journal of Personality and Social Psychology*, 52, 659-663.
金政祐司（2012）．対人魅力の概念——友情，愛情．大坊郁夫編　幸福を目指す対人社会心理学——対人コミュニケーションと対人関係の科学．ナカニシヤ出版．pp.72-95.
奥田秀宇（1997）．人をひきつける心——対人魅力の社会心理学．サイエンス社．
清水裕士（2012）．親密な関係の構造と機能——親密性の理論と測定．大坊郁夫編　幸福を目指す対人社会心理学——対人コミュニケーションと対人関係の科学．ナカニシヤ出版．pp.49-69.

[*28] 2値データの場合，標準誤差の推定にバイアスが生じる以外に，予測値が目的変数の範囲を超えてしまうという問題もあります。これらの問題は，もう少し高度な回帰分析（一般化線形モデル）を用いることで解決できます。

[*29] 二項分布ならロジスティック回帰，ポアソン分布ならポアソン回帰，ガンマ分布ならガンマ回帰分析，などたくさんの手法があります。これらの分析をまとめて**一般化線形モデル**とよびます。

問1：態度の類似度が5点の場合の，好意度の予測値を計算してみましょう。

問2：ID1〜10までの人だけのデータを回帰分析してみて，回帰係数がどうかわるのか，また95％信頼区間がどう変わるかを確認してみましょう。

問3：分散の均一性の仮定が成立しているか，確認してみましょう。

一緒にいたい気持ちを予測する
——重回帰分析

第5章

5.1 コミットメントを予測する投資モデル

第4章では，人に対する魅力の評価について勉強しました。本章ではさらに発展して，集団や対人関係にとどまろうとする力に注目します。

5.1.1 コミットメントとは

大学のサークルに入って長く活動していると，サークルに愛着を感じてずっと所属していたいと思うこともあるでしょうし，逆に，「早くやめたい」と思うこともあるでしょう。このような「集団や関係に属していたい」と思う気持ちを，社会心理学では，集団や関係への「コミットメント」とよびます。

コミットメント（commitment）は，「関わり合い」「関与」などと訳すことができます。すなわち，ある対象に対してどれほど心理的に関与しているかを表す概念といえます。辞書でcommitmentをひくと，「約束」「言質」などが出てきます。言質が取られるとは，口約束をして，引くに引けなくなるような状況を指す言葉です。つまり，「言葉が質に取られる」という意味です。これは，関係を一度結ぶとなかなか切れない状態と少し似ていますね。しかし，日本語で直接表現しにくい言葉なので，「コミットメント」とカタカナ表記することが多いです。

5.1.2 コミットメントを予測する——投資モデル

社会心理学で対人関係の研究をする場合，最も重要な関心は，「どうすれば関係が長続きするか」というものです。恋愛関係を考えるのが，一番わかりやすいと思います。ラブラブなカップルと別れてしまうカップルの違いは一体なんだろうか，どうすればカップルは長続きするのだろうか。そういう疑問がたくさん出てきます。それらの問いに答えるためには，「人々が関係に対するコミットメントをどのように形成するのか」を理解することが，ひとつのヒントになるはずです。

ラズバルト（Rusbult, 1980）は，対人関係へのコミットメントを予測するモデルを提唱しました。これを投資モデル（investment model）とよびます。投資モデルは，主に親密な対人

関係（特に恋愛関係）へのコミットメントを予測するモデルとして提唱されました。ですが，後に触れるように，投資モデルは集団や組織に対するコミットメントを予測するモデルとしても，応用することができます。ここではわかりやすさのため，恋愛関係へのコミットメントを予測する，という文脈で話をすることにしましょう。このときのコミットメントは，「恋人との関係を続けたい気持ち」として定義することができます。

投資モデルは関係へのコミットメントを，次の3つの要素によって説明できるとするモデルです。それは，関係の満足度の高さ，他の関係の満足度の低さ，そしてこれまで関係に投資してきた量です。それを式で表すと，以下のようになります。

$$\text{コミットメント} = \text{満足度} - \text{他の満足度} + \text{投資量}$$

「関係の満足度」（式中は満足度と略記）とは，関係から得られる利益の大きさと，関係に所属することでかかるコストの差のことです。関係から得られる利益は，お金のような物理的なものではなく，恋人からの愛情や情緒的なサポート（相談にのってくれるなど）といった，心理的なものも含みます。コストも同様に，金銭的なものだけでなく，恋人と一緒にいると疲れるとか，不平不満を言われるといった，心理的なコストも含まれています。投資モデルでは，関係から得られる満足が高いほど，関係を続けたいという気持ちが強くなると考えます。

「他の関係の満足度」（式中は他の満足度）とは，たとえば，今の恋人以外の人から得られる満足や，恋人と過ごす以外の自分の時間によって得られる満足などを含むものです。他に魅力的な人がいるとか，自分の趣味のほうが楽しいなどは，他の関係の満足度が高いといえます。投資モデルでは，他の関係の満足が高くなるほど，関係を続けたいという気持ちが弱くなると考えます。

そして，最後の「関係に投資してきた量」（式中は投資量）は，その関係にどれほどコストをかけたか，また関係を解消することでどれほど失うものが大きいか，ということを意味しています。たとえば，恋人に対してたくさんお金をかけて貢いでいるのは，「たくさん投資してきた」ということです。また，たくさん貢いだ人と別れると，今まで貢いできたものがなくなってしまう，という気持ちにもなるでしょう。さらに，それは金銭的なものだけではなく，恋人に愛情を注いだりすることも投資量に入ります。投資量が多くなると，関係を解消するときに失うものが大きくなるため，コミットメントが高くなると考えることができます。

これらは，図5-1のようにまとめることができます。「関係の満足度」は恋人に接近したいという気持ちを高めるもの，「他の関係の満足度」は恋人とは別の対象に接近したいという気持ちを高めるもの，「投資量」は関係から離れられないという気持ちを高めるもの，といえます。なお，このモデルが「投資モデル」とよばれる所以は，コミットメントが関係の満足度だけで説明されるものではなく，「投資」も大事なんだ，というラズバルトの主張が反映されています。たしかに，満足するから関係を続ける，というのは当たり前のような気もしますが，それ以外

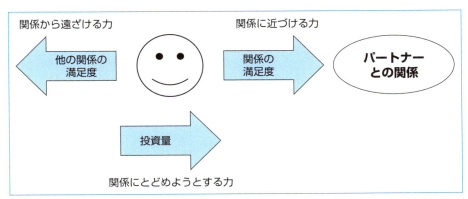

図5-1 投資モデルのイメージ

の変数である投資量を加えているのが，このモデルのユニークな点です。

5.1.3 投資モデルを検証する

このようにラズバルトは，「恋人と一緒にいたい気持ち」であるコミットメントを，3つの変数で予測できると考えました。では，この投資モデルは，どのように検証することができるのでしょうか。実はその検証方法が，本章で解説する重回帰分析なのです。

投資モデルではコミットメントを，「満足度と投資量を足して，他の満足度を引いたもの」という，足し算と引き算の式で予測しました。この予測式を回帰分析では，**回帰式**とよびました[*30]。重回帰分析は，複数の説明変数による線形関係を，データから予測することができる統計的手法です。次節では具体的に，重回帰分析を用いて投資モデルを検証してみましょう。

5.2 重回帰分析で予測する

前章では，説明変数が1つのときの回帰分析について解説しました。ここでは，説明変数が複数あるときの回帰分析，**重回帰分析**（multiple regression analysis）について解説します。

5.2.1 データ

投資モデルを検証するためには，「コミットメント」「関係の満足度」「他の関係の満足度」，そして「投資量」を測定する必要があります。ラズバルトは実際，これらの変数を測定するリッカート形式の尺度を開発しています（Rusbult et al., 1998）。そして，第2章で紹介した因子分析を用いて，それぞれの概念がきちんと別々の因子として別れることを検討しています。また，第3章で紹介した信頼性などについても検討しており，高い信頼性があることが明らかとなっています。

---

*30 第4章を参照してください。

表5-1は，100人の調査参加者から，「コミットメント」「関係の満足度（満足度）」「他の関係の満足度（他の満足度）」そして「投資量」を，ラズバルトら（Rusbult et al., 1998）の尺度で1～9点の範囲で測定したデータ（人工データ）です。なお，「投資量」を測定するためには，「私はどの人に対してよりも，恋人に非常に多くの投資（愛情，金銭，時間など）をしてきた」のような項目を用います。「コミットメント」は7項目の尺度平均値です。また，「満足度」「他の満足度」「投資量」は，それぞれ5項目の尺度平均値です。また，恋人関係になってからの期間である「交際期間」も，変数に加えました。「交際期間」の単位は月で，数値が1なら付き合ってから1カ月であることを意味します。

表5-1　恋人関係のコミットメントと投資モデルの3変数（仮想データ）

ID	コミットメント	満足度	他の満足度	投資量	交際期間
1	2.29	5.2	5.8	6.0	9
2	4.29	4.2	6.2	7.0	12
3	5.57	5.2	6.2	6.6	12
4	5.86	6.6	6.8	6.4	28
5	6.57	6.4	4.6	7.6	28
6	6.29	7.2	6.2	7.0	27
7	6.43	6.2	2.6	7.0	24
8	5.71	4.8	8.4	6.2	14
9	5.00	6.4	4.2	6.4	19
10	4.43	4.0	4.8	5.6	9
11	7.57	7.2	1.8	6.8	37
⋮	⋮	⋮	⋮	⋮	⋮
99	4.57	5.8	6.2	6.8	36
100	7.57	6.4	6.0	5.6	33

5.2.2　偏回帰係数

さて，本章で知りたいことは，投資モデルで考えられているように，コミットメントが，関係の満足度・他の関係の満足度・投資量によって予測できるかどうかを検討することでした。投資モデルは説明変数が3つあるため，重回帰分析を用いることで検討できます。重回帰分析の回帰式は，単回帰分析の回帰式に説明変数を増やすだけです。投資モデルを回帰式で表すと，以下のようになります。

$$\text{コミットメント} = \text{切片} + \text{係数1} \times \text{満足度} + \text{係数2} \times \text{他の満足度} + \text{係数3} \times \text{投資量}$$

このように，3つの係数と1つの切片を推定します。この式の意味するところは，関係の満足度に係数1をかけたもの，他の関係の満足度を係数2にかけたもの，投資量を係数3にかけたものの総和に，切片を加えたものが，コミットメントの予測値になるということです。

ただし，重回帰分析の場合，それぞれの回帰係数を偏回帰係数（partial regression coefficient）とよびます。では，単回帰分析の回帰係数と，重回帰分析の偏回帰係数は，どこが違うのでしょうか。偏回帰係数の偏は，partialの訳で，「部分的な」という意味です。もっといえば，他の説明変数の影響を除いたという意味で用います[*31]。すなわち，「他の説明変数の影響を除いた，その説明変数だけの影響の大きさを推定した回帰係数」と解釈します。青い波線部の他の説明変数の影響を除いたが，重要なポイントです。よって，重回帰分析では，他にどのような説明変数と一緒に分析しているかによって，偏回帰係数の推定値は変わってきます。

　重回帰分析の便利なところは，目的変数の予測に役立つ変数を絞り込むことができる点です。複数の説明変数を同時に投入することによって，見せかけの影響力を持っている（擬似相関の高い）説明変数を除外することができ，真に予測力がある説明変数がどれかを知ることができます。

　擬似相関とは簡単にいうと，見せかけの相関のことです。たとえば，次のような例を考えてみます。体重の増加を予測するのに，コーヒーの摂取量が単回帰分析で有意であったとしましょう。つまり，以下の回帰式（「モデル1」とします）で，係数Cが有意だったとします。

$$\text{モデル1： 体重 ＝ 切片 ＋ 係数C×コーヒー}$$

　続いて，モデル1に加えて，摂取した砂糖の量も説明変数に加えた，重回帰分析で推定したとしましょう。

$$\text{モデル2： 体重 ＝ 切片 ＋ 係数C2×コーヒー ＋ 係数S×砂糖}$$

　このとき，コーヒーの偏回帰係数（係数C2[*32]）はほとんど0になり，砂糖の偏回帰係数（係数S）が有意になる，ということが起きます。なぜなら，コーヒーを飲むことが体重増加に影響するのではなく，コーヒーに入れる砂糖の量が体重増加に影響しているからです（図5-2）。つまり，モデル1で見られたコーヒーの摂取量と体重の増加量の関係は，擬似相関といえます。

　体重を増加させている人は，コーヒーを飲む人のうち，砂糖を何杯も入れている人たちです。砂糖の量を考慮に入れずに分析したため，砂糖を入れてコーヒーを飲んだ人と，砂糖を入れずにコーヒーを飲んだ人を区別できていない状態で，回帰係数（係数C）を推定していました。よって，「コーヒーを飲むほど体重が増える」という結論が出てしまいました。一方，モデル2の重回帰分析では，砂糖摂取量の影響を除いたコーヒー摂取量だけの予測力を推定できるので，コーヒーだけを摂取しても体重増加に影響しないことがわかるのです。

[*31] 第1巻第7章の偏相関係数も参照してください。
[*32] モデル1の単回帰分析のコーヒーの回帰係数と，モデル2の重回帰分析のコーヒーの偏回帰係数は同じではないので，係数C2としています。

偏回帰係数の解釈を思い出してください。係数C2の解釈は，砂糖を入れる量の影響を取り除いたときのコーヒー摂取量の影響の大きさです。また，係数Sは，コーヒー摂取量の影響を取り除いたときの，砂糖の摂取量の影響の大きさです。破線部がポイントであることがわかると思います。このように重回帰分析では，説明変数を複数投入して，どの説明変数が真に予測に使える説明変数であるのかを，絞り込むことができるのです。

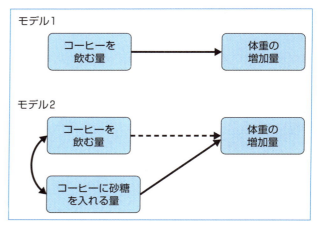

図5-2　回帰分析と重回帰分析の違い

　なお，単回帰分析では共分散と分散だけで簡単に計算ができましたが，重回帰分析では説明変数同士の相関も回帰係数の推定に影響するため，簡単には計算できません。よって，計算はソフトウェアに任せましょう。

5.2.3　投資モデルの検証

　それでは，重回帰分析を使って投資モデルを検証してみましょう。ソフトウェアを使って回帰分析を実行すると，表5-2のような結果が得られます。

表5-2　重回帰分析による投資モデルの検証結果

変数名	係数	標準化	標準誤差	t値	自由度	p値	95%下限	95%上限
切片	0.41		1.23	0.33	96	.740	−2.03	2.84
満足度	0.44	.40	0.10	4.27	96	.000	0.24	0.65
他の満足度	−0.14	−.16	0.07	−1.91	96	.059	−0.28	0.01
投資量	0.51	.25	0.19	2.74	96	.007	0.14	0.88

($R^2 = .43$, $R^2_{adj} = .41$)

　偏回帰係数の推定値（表中の「係数」列）を見ると，「関係の満足度」が0.44（係数1），「他の関係の満足度」が−0.14（係数2），「投資量」が0.51（係数3）と，「投資量」の係数が一番大きくなりました。これを回帰式で表すと，以下のようになります。

> コミットメントの予測値 ＝ 0.41 ＋ 0.44 × 満足度 − 0.14 × 他の満足度 ＋ 0.51 × 投資量

　それぞれの偏回帰係数の95％信頼区間を見ると，100人のデータでも，わりと区間の幅が大きいことがわかります。特に「他の関係の満足度」は信頼区間に0を含んでいるので，母回帰

係数は0の近くにある可能性があります。実際，p値を見てみると，「他の関係の満足度」は5％水準では有意ではありませんでした。つまり，「他の関係の満足度」が高くなると，コミットメントが高くなるとはいえません。ただ，10％以下の場合，（あまり一般的ではありませんが）「有意な傾向がある」ということがあります。

他の変数のp値に目を向けると，「関係の満足度」と「投資量」については，偏回帰係数が有意でした。これは，「関係の満足度」の95％信頼区間が0.24～0.65と，0を含んでいないことからもわかります。なお，表5-2には，まだ本章で解説していない出力がありますが，次節以降で説明します。

ここで，自由度が96になっている点について，簡単に説明しておきましょう。標本サイズが100のデータで，今回の重回帰分析では3つの偏回帰係数と1つの切片を推定しています。自由度は，標本サイズから推定した切片と回帰係数の数（1＋3＝4）を引いたものになるので，100－4＝96ということです。自由度は信頼区間の計算や検定のときに用います。説明変数をたくさん投入するほど，信頼区間の幅やp値は大きくなる傾向にあります。

続いて決定係数を見てみると，$R^2 = .43$となりました[*33]。つまり，43％は投資モデルによってコミットメントを予測できることを意味しています。社会心理学において決定係数が.43というのは，かなり高いほうであるといえます。これらの結果から，コミットメントが「関係の満足度」と「他の関係の満足度」，そして「投資量」によって予測できるという投資モデルは，おおむね支持されたということができるでしょう。

さらに，「交際期間」も説明変数に加えて分析してみましょう。ちなみに，「交際期間」とコミットメントの相関係数は$r = .22$でした。中程度の相関があるので，交際期間もコミットメントを予測する変数かもしれません。実際に分析をすると，表5-3のような結果を得ました。交際期間の偏回帰係数は0.01と小さく，p値もかなり大きくなり，有意でありませんでした。このことから，「交際期間」の予測効果は，相関係数は認められたものの，投資モデルの説明変数の影響を取り除くと，ほぼないに等しいということがわかります。つまり，「交際期間」とコミットメントの相関は擬似相関の可能性が高く，単に交際期間が長くても，関係の満足度や投資量などが高くないとコミットメントは高くならない，ということが理解できます。

表5-3 交際期間を含めた重回帰分析結果

変数名	係数	標準化	標準誤差	t値	自由度	p値	95％下限	95％上限
切片	0.39		1.23	0.32	95	.753	−2.06	2.83
満足度	0.43	.39	0.11	4.05	95	.000	0.22	0.64
他の満足度	−0.14	−.16	0.07	−1.92	95	.058	−0.28	0.00
投資量	0.51	.24	0.19	2.68	95	.009	0.13	0.88
交際期間	0.01	.05	0.01	0.63	95	.530	−0.02	0.03

($R^2 = .43$, $R^2_{adj} = .41$)

[*33] 第4章で解説したように，決定係数は1を超えることがないため，最初の0を省略して表記します。

このように，重回帰分析を使うことで，相関係数や単回帰分析だけではわからない詳細なメカニズムが見えてくるのです。

5.3 説明変数の影響力を比較する

表5-2の投資モデルは，関係のコミットメントを予測するうえで，43％程度の説明力があることがわかりました。それでは，投資モデルの3つの変数のうち，どの変数が最も影響力があるのでしょうか。本節では，変数間の効果の大きさを比較する方法を解説します。

5.3.1 効果量と標準化偏回帰係数

表5-2の投資モデルにおいて，偏回帰係数は「関係の満足度」が0.44，「他の関係の満足度」が−0.14，「投資量」が0.51でした。数値だけを見ると投資量が一番効果がありそうですが，果たしてそうでしょうか。

ここで，説明変数の分散を計算してみます。すると，表5-4のようになりました。「関係の満足度」や「他の関係の満足度」に比べて，「投資量」の分散が小さいことがわかります。実は分散の違いは，変数の1点の意味が異なっていることと同じです。1点の意味は「単位」といってもよいです。

表5-4 説明変数の分散

変数	分散
満足度	1.59
他の満足度	2.80
投資量	0.46

ここで，偏回帰係数は，「説明変数が1単位増えたときの，目的変数の予測値の変化量」であったことを思い出しましょう（ただし，他の説明変数を増やさずにという条件つきです）。もし，説明変数によって1点の意味が異なるのであれば，それぞれの偏回帰係数の比較ができないのではないか，という疑問が出てくると思います。極端な例で考えてみましょう。身長（単位はcm）から子どもの年齢を予測しようと思います。一般に，身長が高いほど年齢が高いといえます。分析の結果，仮に「身長→年齢」の回帰係数が0.2だったとします。つまり，1cm身長が高くなると，平均的に0.2歳大きくなるということです（5cm高くなると1歳大きくなる）。一方，もし身長をメートル（m）で測定していたとすればどうでしょうか。そうすると回帰係数は20となります。なぜなら，以下のようになるからです。

> 1cm身長が高くなると，0.2歳大きくなる。
> ＝10cm身長が高くなると，2歳大きくなる。
> ＝100cm（1m）身長が高くなると，20歳大きくなる。

このように，たとえ同じ変数であっても，回帰係数は単位を変えると大きく変わってしまいます。

上の例からわかるように，単位（分散）が異なる説明変数の偏回帰係数どうしを比較するこ

とは，意味がありません（図5-3）。つまり，単位の異なる変数の回帰係数どうしを比べるには，単位をそろえる必要があります。説明変数の単位をそろえて，「説明変数→目的変数」の影響を比較するときに用いるのが，**標準化偏回帰係数**です。

その前に，もしかしたら読者の中には，そんなものをわざわざ出さな

```
「説明変数の分散が違う」＝「1点の意味（単位）が異なる」
    ↓
説明変数の偏回帰係数どうしは比較できない
    ↓
説明変数のt値やp値どうしは比較できる
  （異なるデータでは比較できない）
    ↓
標準化偏回帰係数どうしを比較する
```

図5-3　どの説明変数が目的変数に最も影響があるかを調べたいとき

くても「偏回帰係数のt値やp値の大きさを見れば，効果を比較できるのではないか」と思う人もいるかもしれません。実際，表5-3では，「関係の満足度」の偏回帰係数のt値が一番大きく，したがってp値が一番小さくなっています。

ところが，t値やp値は標本サイズの影響を受けます。偏回帰係数のt値は，以下の式で求めます。

$$\text{偏回帰係数の}t\text{値} = \frac{\text{偏回帰係数}}{\text{標準誤差}}$$

たとえば，表5-2の「関係の満足度」のt値は，$0.44/0.10 ≒ 4.27$として求まっています[*34]。標本サイズがC倍大きくなると，標準誤差は$\sqrt{C}$倍小さくなる特徴があります（第1巻第5章の5.6節を参照）。つまり，今回は100人のデータですが，4倍の400人のデータになると，標準誤差は半分（1/2倍）の大きさになります。上の式に当てはめると，分母の標準誤差の大きさが半分になればt値は2倍になります。したがってt値やp値は，標本サイズによって影響を受けるということです（図5-4）。

```
標本サイズを大きくする
    ↓
標準誤差が小さくなる
    ↓
t値が大きくなる
    ↓
p値が小さくなる
```

図5-4　標本サイズ，標準誤差，t値，p値の関係

ここで，ある研究者が本章の調査を追試したとします（図5-5の調査B）。2つの調査は，標本サイズが異なっているとします。どの説明変数がコミットメントに最も影響を与えているかを調べるとき，同じ調査内の係数A1，係数A2，係数A3の，t値やp値を使って説明変数の影響の大きさを比較することができます。同様に，係数B1，係数B2，係数B3の，t値やp値を使って比較することができます。

一方で，このような追調査を行ったとき，係数A1と係数B1の比較，係数A2と係数B2の比較，係数A3と係数B3の比較にも興味があります。追調査をする動機は，調査Aで得られた結

[*34]　四捨五入されているので完全には一致しません。

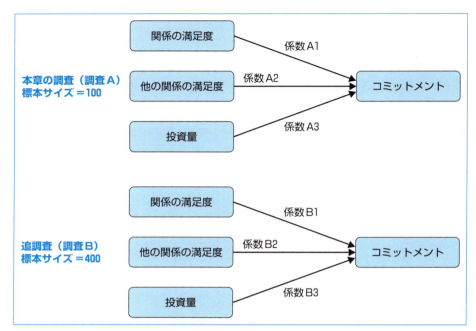

図5-5 異なる標本サイズのデータで係数を比較するには

果が本当なのかどうかを検証するためだからです。しかし，調査Aと調査Bでは標本サイズが異なるために，t値とp値が標本サイズの影響を受けてしまい，比較することができません。

　そこで，異なる単位（分散）を持つ説明変数の1点の意味をそろえ，かつ，異なるデータの間でも影響力を比較することができる指標があると便利です。そのようなときに利用するのが，<u>標準化効果量</u>とよばれるものです。標準化効果量とは，変数の単位や標本サイズなどによって左右されない，標準化された影響力の指標です。効果量は回帰分析に限らず，さまざまな分析手法で利用されています[*35]が，本章では回帰分析の標準化効果量について解説します。

　<u>回帰分析における標準化効果量は，標準化偏回帰係数そのもののことです。</u>表5-2と表5-3にも掲載しています。標準化偏回帰係数はその名のとおり，偏回帰係数を標準化したものです。標準化とは，統計学ではたいてい，分散を1にそろえることを意味します。つまり，説明変数，そして目的変数の分散をすべて1にして，重回帰分析を行ったときの偏回帰係数の推定値が，標準化偏回帰係数です。分散をそろえることで，「説明変数→目的変数」の影響力を純粋に比較することができます。

　標準化偏回帰係数は多くの場合，-1〜1の範囲の値をとります（絶対値が1を超える場合もまれにあります）。よって，相関係数と同じような解釈をすることができる指標です。また，標準化偏回帰係数の計算は，偏回帰係数に目的変数と説明変数の標準偏差の比を掛ければよいだけです。つまり，次のようになります。

[*35] 効果量については第2巻を参照してください。

$$\text{標準化偏回帰係数} = \text{偏回帰係数} \times \frac{\text{説明変数の標準偏差}}{\text{目的変数の標準偏差}}$$

それでは，投資モデルの説明変数の標準化偏回帰係数を計算してみましょう。結果は図5-6[*36]のようになりました（表5-2の結果と同じです）。

偏回帰係数と違い，「投資量」よりも「関係の満足度」のほうが，標準化偏回帰係数が大きくなりました。したがって，コミットメントに最も影響力のある説明変数

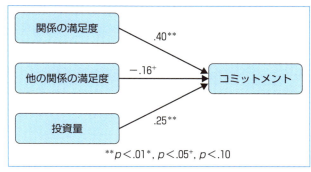

図5-6　投資モデルの標準化偏回帰係数

は，「関係の満足度」であるといえます。また，標準化偏回帰係数はだいたい相関係数と同様に解釈できるので，「関係の満足度」の標準化偏回帰係数が0.40であるというのは，「関係の満足度」がコミットメントに対して中程度の効果を持っている，といえそうです。一方，「他の関係の満足度」の効果は−0.16と小さめです。

5.3.2　自由度調整済み決定係数

前節で単回帰分析のときの説明力を示す指標として決定係数を紹介しましたが，重回帰分析でも，モデル全体が持つ説明力を示す指標として決定係数を利用することができます。重回帰分析において，決定係数が高いモデルのほうがより良いモデルであるということができます。

しかし，重回帰分析は説明変数を複数使うので，「決定係数を高くするために，できるだけたくさんの説明変数を入れればよいではないか」という考えが出てきそうです。しかし実際は，良いモデルとは，できるだけ少ない説明変数で高い説明力がある効率の良いモデルのことを指します。そこで，決定係数を調整する指標が登場します。これを，**自由度調整済み決定係数**とよびます。計算式は以下のとおりです。

$$\text{自由度調整済み決定係数}\, R^2_{adj} = 1 - \frac{\text{残差分散}}{\text{目的変数の分散}} = 1 - \frac{\frac{\text{残差平方和}}{\text{自由度}}}{\text{目的変数の分散}}$$

[*36]　図内にある*印は「アスタリスク」とよばれるものです。これは，心理学の論文で有意水準を表すときによく用いられる記号です。表の下に「**$p<.01$」などと書いてありますが，これは**印が「1%水準で有意である」ということを意味しています。

自由度調整済み決定係数は，決定係数よりも必ず小さくなります。そして，説明力のほとんどない独立変数を多く使っているとき，ペナルティが与えられて小さくなる指標です。式中の残差分散とは，残差平方和を自由度（＝標本サイズ－1－説明変数の数）で割ったものです。あとは，決定係数と同じように計算します。

決定係数R^2の下つき添え字「adj」は，調整された（adjusted）という意味です。説明変数が多くなると，5.2.2節で説明したように，その説明変数の偏回帰係数を推定する必要があるので，自由度が小さくなります。しかし，有効でない説明変数ばかり増やすと，残差平方和を小さくすることができません。すると，残差分散が大きいままになるので，結果的に自由度調整済み決定係数が小さくなります。つまり，無駄な説明変数の数が多いときにペナルティが与えられます。

自由度調整済み決定係数を計算してみると，$R^2_{adj} = .41$，と，決定係数の.43よりやや小さく推定されました。もし，自由度調整済み決定係数が元の決定係数に比べてかなり小さくなっているようでしたら，「余計な説明変数が含まれている」と判断することができます。このようなときは，余計な説明変数を除去して再分析するとよいでしょう。今回の例のようにそれほど違いがないようでしたら，問題はないといえます。

5.3.3 目的変数と説明変数の相関係数を確認する

重回帰分析を実行すると同時に，使用する変数間の相関係数を算出しておくことを心がけましょう。それは，重回帰分析の結果を解釈するうえで，とても重要になるからです。

相関係数は，変数と変数との関連の強さを表すものです。第4章で述べたように，単回帰分析では説明変数と目的変数の相関係数が，標準化回帰係数と一致します。ここでも，重回帰分析における標準化偏回帰係数と相関係数の関係を考えてみましょう。表5-5は，目的変数（コミットメント）と3つの説明変数，全部で4変数の相関行列です。

コミットメントと3つの説明変数について，相関係数を見てください。すると，「関係の満足度」と「コミットメント」の相関係数が.59と最も高く，そして「投資量」と「コミットメント」の相関は正であり，「他の関係の満足度」と「コミットメント」の相関は負であることがわかります。3つの説明変数間の相関も中程度あり，それぞれがお互いに関連しあっていることが確認できます。

重回帰分析の標準化偏回帰係数（図5-6）と比較してみると，全体的にコミットメントと説明変数との相関係数よりも小さくなっていることがわかります。たとえば，「投資量」と「コミットメント」の相関は0.50で，「投資量→コミットメント」の標準化偏回帰係数は0.25です。このように，

表5-5　目的変数と説明変数間の相関係数

	コミットメント	満足度	他の満足度	投資量
コミットメント	1.00			
満足度	.59**	1.00		
他の満足度	−.40**	−.40**	1.00	
投資量	.50**	.51**	−.30**	1.00

**$p<.01$，*$p<.05$

重回帰分析の標準化偏回帰係数と相関係数は，同じ値にはなりません。それは，繰り返し述べますが，重回帰分析は他の説明変数の影響を取り除いたうえでの回帰効果を推定しているからです。

　だからといって，相関係数を見なくてよいわけではありません。相関係数と標準化偏回帰係数が異なることから，説明変数どうしが相互に影響を与えていることが理解できるようになるからです。本書では解説の流れの都合上，相関係数の計算をあとに回しましたが，本来は回帰分析を実行する前に相関係数を算出しておくことが望ましいです。相関係数を先に見ておくことで，有力な説明変数がどれなのか，説明変数間にどういった関連があるのかについて，見当をつけることができるからです[*37]。

5.3.4　相関係数と標準化偏回帰係数が異なるメカニズム

　さて，相関係数と標準化偏回帰係数は違う値になることがわかりました。これについて，図5-7を用いて説明します。「投資量」と「コミットメント」の相関係数は，純粋な「投資量↔コミットメント」のみの関係を表しているものではありません。「関係の満足度」を媒介とした，「投資量↔関係の満足度↔コミットメント」の関係を含んでいます。また，「他の関係の満足度」を媒介[*38]とした，「投資量↔他の関係の満足度↔コミットメント」の関係も含んでいます。

　ここで注意してほしいのは，「投資量↔他の関係の満足度」と「他の関係の満足度↔コミットメント」はそれぞれ負の関係ですが，図中，下の破線の矢印が示しているように，「他の関係の満足度」を媒介とする「投資量↔他の関係の満足度↔コミットメント」は，マイナス×マイナス＝プラスで，正の関係となります。しかし，「投資量→コミットメント」の標準化偏回帰係数は，「関係の満足度」と「他の関係の満足度」の影響を取り除いています。したがって，標準化偏回帰係数のほうが，相関係数よりも値が小さくなっています。

　ただし，注意が必要です。他の

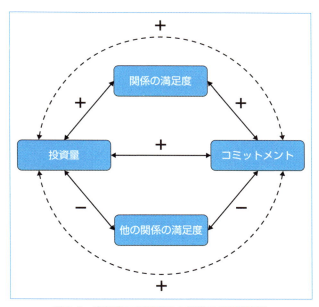

図5-7　変数間の相関係数と標準化偏相関係数

---

*37　5.4節で解説する多重共線性が生じているかの確認のためにも，相関係数を見ておくことは重要です。
*38　媒介については，第8章で詳しく解説しています。

変数を媒介とする間接的な関係が負であると，その影響を取り除いたことによって，相関係数よりも標準化偏回帰係数のほうが大きくなることもあります。また，「他の満足度」と「コミットメント」の相関係数は1％水準で有意ですが，「他の関係の満足度」の偏回帰係数は5％水準で有意ではありませんでした。このことから，効果の大きさだけでなく，有意性検定の結果も変わってくることに注意しましょう。

5.4 多重共線性の問題とその解決

説明変数間の相関関係を事前にチェックしておく必要性について述べましたが，説明変数間の相関係数が高すぎるときに，**多重共線性（multi-collinearity）**という問題が生じることがあります。本節では，多重共線性の説明と，その対処法について解説します。

5.4.1 多重共線性とは

多重共線性とは，説明変数間の相関が高すぎることによって，偏回帰係数の標準誤差が異常に大きくなる現象です。多重共線性が生じると，偏回帰係数の解釈が難しくなったり，有意性検定の結果の信憑性が失われます。

たとえば，コミットメントを予測する回帰分析に，「関係の満足度」と，「相手の恋人としての満足度」，という非常に内容の似た説明変数を投入することを考えてみましょう。偏回帰係数は「他の説明変数の影響を取り除いたとき」の回帰係数でした。図5-8を見てください。もし，2つの説明変数間の相関が低ければ，「恋人満足度」の影響を取り除いた「関係の満足度→コミッ

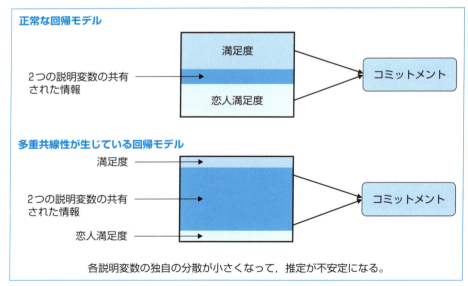

図5-8　多重共線性のイメージ

トメント」の偏回帰係数は，しっかり検出することができます。「満足度の影響」を取り除いた「恋人満足度→コミットメント」の偏回帰係数も，同様にしっかりと検出することができます。

しかし，説明変数の相関が高いときは，それぞれの説明変数が持つ影響のほとんどを，互いに取り除いてしまいます。2つの説明変数は，どちらか一方だけ用いて単回帰分析を行えば，適切に回帰係数を検出することができるのに，同時に2つの説明変数を用いることで，2つの偏回帰係数の推定値がともに適切でなくなります。

具体的には表5-6のように，「関係の満足度」と相関係数が$r = .98$程度の変数として，「恋人満足度」を作成したとしましょう。そして，この2つを説明変数とする重回帰分析を実行した場合の結果が表5-7です。

表5-6　相関が高すぎる説明変数

	コミットメント	満足度	恋人満足度
コミットメント	1.00		
満足度	.59**	1.00	
恋人満足度	.58**	.98**	1.00

表5-7を見てわかるように，「関係の満足度」の偏回帰係数は，投資モデルのときの結果（0.44。表5-2参照）に比べて高くなり，「恋人満足度」と「コミットメント」の相関係数は正（0.59）なのに，「恋人満足度→コミットメント」の偏回帰係数は負（-0.04）となってしまいました[*39]。また，表5-2では偏回帰係数の標準誤差は0.10でしたが，ここでは0.44と，4倍以上大きくなっています。標準誤差が大きくなったことで，t値（$= 1.59$）は非有意（$p = .115$）となっています。このように，説明変数間の相関係数に高すぎるものがあるとき，偏回帰係数の標準誤差が大きくなります。標準誤差が大きいということは，その推定値が精度よく求まっていないということなので，その推定値は不安定であるといえます。

多重共線性を避けるには，説明変数間の相関係数が高すぎるものがあるとき，どちらかを分析から取り除くことです。そのような変数が3つあるときは，2つ取り除きます。

多重共線性の原因となる変数を知るための指標として，**分散拡大係数（variance inflation factor：VIF）**があります。VIFも多くの統計ソフトウェアが算出してくれます。VIFが10を超えると，多重共線性が生じているといわれています（たとえば早川，1986）。よって，VIFが10

表5-7　多重共線性が生じている重回帰分析の結果

変数名	係数	標準化	標準誤差	t値	自由度	p値	95%下限	95%上限
切片	1.70		0.77	2.21	97	.029	0.17	3.23
満足度	0.70	.64	0.44	1.59	97	.115	-0.17	1.58
恋人満足度	-0.04	-.04	0.37	-0.11	97	.915	-0.78	0.70

($R^2 = .35$, $R^2_{adj} = .34$)

*39　回帰係数の符号が相関係数と異なるのは，多重共線性が生じているひとつの目安ですので，注意して結果を見てみるとよいでしょう。しかし，符号が異なるものがあれば，いつも多重共線性が起きているとは限りません。実際に，他の説明変数の影響を取り除くことによって，正の相関だったものが負の偏回帰係数になる可能性はあります。たとえば，コーヒーと砂糖の例では，砂糖を入れないコーヒーの摂取が肥満を抑制する，ということもあるかもしれません。相関係数と重回帰分析で違う結果が出ることが，新たな科学的発見である可能性もあります。

以上の変数があれば，モデルから省くなどの処理が必要です。しかし経験上，VIFが5ぐらいでも，標準誤差が大きくなって解釈が難しくなることもあります。VIFは説明変数ごとに計算できますので，他の説明変数に比べて飛び抜けてVIFが高い説明変数があるときは，解釈に注意したほうがよいでしょう。なお，先ほどの恋人満足度のVIFは，23.97と非常に高くなりました。やはりこの変数は，回帰分析から省いたほうがよさそうです。

多重共線性が生じる原因は，説明変数の相関の高さだけではありません。説明変数の数が多すぎるときにも生じることがあります。重回帰分析を使う際，説明変数をたくさん入れて検証したくなりがちですが，高いVIFを持つ変数に注意してください。

5.4.2 説明変数の投入方法

多重共線性を回避する別の方法として，「説明変数の投入方法を工夫する」というものがあります。これまで説明してきた重回帰分析は，説明変数として何を含めるかを事前に決めていました。それに対して，どの説明変数を入れるかを検討する方法が，いくつか提案されています。

変数投入法には，**強制投入法**，**変数増加法**，**変数減少法**，**ステップワイズ法**などがあります。

● **強制投入法** ● これは普通の重回帰分析のことで，これまで本章で説明してきたような，最初に説明変数を決めて全部を入れる方法のことです。

● **変数増加法** ● 次に変数増加法について説明します。たとえば，説明変数が5個あるとします。はじめに，$X_1 \to Y$, $X_2 \to Y$, $X_3 \to Y$, $X_4 \to Y$, $X_5 \to Y$の単回帰分析を，個別に5回行います。この5つの単回帰分析のうち，最も残差平方和が小さくなる説明変数を，最初に投入する変数とします。次に，4つの説明変数が残っていますが，どの説明変数を追加すれば残差平方和を最も減らすことができるか，という観点で次に投入すべき説明変数を決めます。しかし，このとき，減らすことができる残差平方和の大きさが有意[*40]であるかどうかを検定し，有意であれば，その変数を2つめに投入する説明変数に決めます。そして，また残りの3つの説明変数のうち，どの変数を投入すると残差分散を最も減らせるか，と繰り返し，投入するものがなくなれば終了します。こうすることで，ある一定以上の説明力を持つ（残差を小さくすることができる）変数のみを，説明変数として投入することができます。

● **変数減少法** ● これは変数増加法の逆で，すべての説明変数を入れた後，1つだけ説明変数を外した重回帰分析を実行し，どの変数を外したときに最も残差分散が増えないかを調べます。その残差平方和の大きさが，p値などのあらかじめ決めた基準を満たせば，その説明変数を外します。このような手続きを繰り返し，基準を満たす説明変数がなくなったときに終了します。

[*40] F検定を行って，5%や10%を基準とすることが多いです。ここでは，p値を用いた解説をしていますが，場合によってはF値そのものや，別の指標を基準にすることもあります。

●**ステップワイズ法**● これは，変数増加法と変数減少法を組み合わせたものです。変数増加法では一度投入された説明変数は削除の対象になりませんが，説明変数を入れていくうちに他の説明変数との関係で，すでに投入した説明変数を外しても，残差平方和が大きく変わらない説明変数が出てくることがあります。そこで，すでに投入している説明変数を外したり，また再度投入したりを繰り返しながら，最終的に用いる説明変数を選抜する手法です。つまり，ステップワイズ法は，目的変数を予測するうえで，最も効率よく残差分散を小さくすることができる説明変数の組み合わせを見つける手法です。

最近ではほとんどの場合，強制投入法かステップワイズ法のどちらかが使われているようです。まずは強制投入法を試してみて，余計な説明変数がありそう，あるいは多重共線性が生じていそうという場合には，ステップワイズ法を使ってみるといいでしょう。また，これらの方法とは別に，階層的投入法というものもあります。これについては第7章で解説します。

5.5 本章で取り上げた心理学をもっと勉強するために

投資モデルは，ティボーとケリーが提案した相互依存性理論に基づいて提案されたものです。そして，相互依存性理論はもともと，集団に対するコミットメントを説明するための理論でした。それが次第に対人関係の理論へと発展していきました。その後，投資モデルが提案された1980年代以降，数多くの対人関係の実証研究が行われるようになっていきました。

相互依存性理論や投資モデルについては，清水（2012）に簡単にまとめられています。また，イックスとダック（2004）の5章に，相互依存性理論についての詳細な解説があります。相互依存性理論そのものについては，ケリーとティボー（1995）が出ています。少し難解ですが，興味ある方はチャレンジしてみてください。

【文献】
イックス，W.・ダック，S. 編／大坊郁夫・和田 実監訳（2004）．パーソナルな関係の社会心理学．北大路書房
ケリー，H. H.・ティボー，J. W.／黒川正流監訳（1995）．対人関係論．誠信書房
早川 毅（1986）．回帰分析の基礎．朝倉書店
Rusbult, C. E. (1980). Commitment and satisfaction in romantic associations：A test of investment model. *Journal of Experimental Social Psychology*, **16**, 172-186.
Rusbult, C. E., Martz, J. M., & Agnew, C. R. (1998). The Investment Model Scale：Measuring commitment level, satisfaction level, quality of alternatives, and investment size. *Personal Relationships*, **5**, 357-391.
清水裕士（2012）．親密な関係の構造と機能 —— 親密性の理論と測定．
大坊郁夫編 幸福を目指す対人社会心理学 —— 対人コミュニケーションと対人関係の科学．ナカニシヤ出版．pp.49-69.

問1：コミットメントを目的変数，投資モデルの3つの変数，交際期間，恋人への満足度をすべて説明変数として投入した重回帰分析を実行し，結果がどのように変わるかを確認しましょう。また，そのときのVIFがどのような値になるかを確認しましょう。

問2：サンプルデータの半分だけを使った重回帰分析を実行して，t値やp値がどのように変わるか確認しましょう。

問3：説明変数を1つずつ加えていくと，標準化偏回帰係数がどのように変化していくかを確認しましょう。

第6章 集団への所属意識を予測するものは？——準実験と共分散分析

第6章からは，これまで扱ってきた対人関係からさらに発展して，集団に個人が所属するときに生じる心理的状態に注目してみましょう。また，本章では，実験のように厳密に状況をコントロールできない場合にも因果関係を推測できるようにする方法である準実験計画，そしてその統計手法である共分散分析について学習します。

6.1 社会的アイデンティティ理論

6.1.1 最小条件集団実験

人は集団に所属するだけで，その集団のメンバーをひいきするという現象が，タジフェル（Tajfel et al., 1971）によって発見されました。集団のメンバーをひいきするとは，他の集団のメンバーに比べて自分の集団のメンバーに対して協力的になったり，より優遇しようとすることを意味しています。このような現象を，**内集団ひいき（ingroup favoritism）**とよびます。

自分の集団のメンバーをひいきするのは，もしかしたら当然だと思うかもしれません。なぜなら，同じ集団のメンバーのことは他の集団のメンバーよりもよく知っているし，気が合う人も多いでしょうし，これからも一緒に活動をするのだから，多少はひいきするのは当たり前だと考えられます。

しかしタジフェルは，このような「よく知っている，これからも一緒に活動する」といった状況要因をなくしても，カテゴリを設定するだけで，内集団ひいきが生じることを明らかにしました。具体的には，顔を合わせず，会話もせず，一緒に何も活動していなくても，ただ同一の集団やカテゴリに所属しているだけで，内集団ひいきが生じたのです。このような，まったくお互いのことを知らず，相互作用をしない集団状況を，**最小条件集団**とよびます。

実際の実験の手続きは次のようなものです。実験室にランダムに集められた人たちに対して，2つの絵を見せます。1つはクレーという画家の絵で，もう1つはカンディンスキーという画家の絵です[*41]。そして，どちらの絵を好むかという理由だけで，参加者を2つの集団に分けま

[*41] 実験のときは絵の作者が誰かを伝えません。

す。それぞれの集団（クレー集団とカンディンスキー集団）に分けられた参加者は，会話をする機会も顔を合わせる機会もないままに，次の課題として報酬分配を行うよう求められます。これは，自分の所属する集団のメンバーと，もう一方の集団のメンバーに，どのようにお金を分配するか決めるものです。すると，自分と同じ集団であるという理由だけで，会ったこともない人をひいきするような分配を行ったのです（図6-1）。

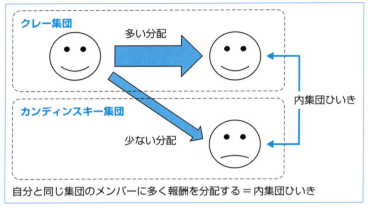

図6-1　最小条件集団実験

6.1.2　社会的アイデンティティ

このように，最小条件集団実験によって，人々は集団に所属するだけで（カテゴリを設定するだけで），会ったことも話したこともない人に対してひいきすることがわかりました。タジフェルはその後，この現象が社会的アイデンティティによって説明できると考えました。

社会的アイデンティティ（social identity）とは，自分を集団によって定義したり理解したりする，自己認識のことです。たとえば，皆さんは自己紹介するときに，「A大学の山田太郎です」とか，「B県出身の鈴木花子です」というように，所属集団や出身地などによって自分を説明することが多いでしょう。人は，集団と自分を同一視することで，自分を理解し，他者に理解してもらっています。このように，人々は集団に所属することによって社会的アイデンティティを形成し，集団と自分を心理的に結びつける心のメカニズムを持っているのです。そして社会的アイデンティティは，最小条件集団実験が示したように，自分が所属する集団と他の集団の区別さえあれば形成されると考えられています。

社会的アイデンティティを形成すると，自分の集団を自分と同じように，他の集団よりも価値ある存在であると思いたくなります（第1章の自尊心を参照してください）。このことから，集団に所属するだけで，自分と同じ集団に所属するメンバーや集団そのものに対して「ひいき」する，という説明がなされています。最小条件集団実験でいえば，自分がクレー集団のメンバーだと思うだけで，クレー集団は他の集団（カンディンスキー集団）よりも価値ある存在だと思いたくなります。それによって，同じクレー集団のメンバーをひいきするわけです[*42]。

社会的アイデンティティが高いメンバーは，その集団に対して協力的になり，集団規範を守り，集団メンバーを助けたりするなど，集団にとって良い行動を行うようになります。よって，集団のメンバーの社会的アイデンティティがどのように形成されるかを知ることは，集団の生産性を高めるためにも，とても重要であるといえます。

6.1.3 現実集団で社会的アイデンティティを予測する

それでは，現実集団で社会的アイデンティティが高まるかどうかを，どのように検討すればよいでしょうか。タジフェルらの実験は，厳密に統制された実験室実験でした。よって，彼らの実験は最小条件集団という非常に特殊な状況の集団を対象としていました。もし現実場面で，ある企業や組織に属するメンバーの社会的アイデンティティを予測したい場合，実験室実験による検討では十分ではありません[*43]。

そこで，自分の属する集団を外集団と比較させるときと，そうでないときとで，社会的アイデンティティに違いが生じるかを検討してみましょう。そのために，次のような仕掛けを考えてみます（図6-2）。ある2つの企業（企業Aと企業B）の従業員を対象に，企業Aの従業員には「自分たちの会社と同じような規模の他の会社を比較してください」と伝え，企業Bには何もしない，という操作を行うのです。この2つの企業で，社会的アイデンティティの形成に違いは生じるでしょうか。

もし，企業Aの従業員の社会的アイデンティティが企業Bの従業員よりも高まっていれば，

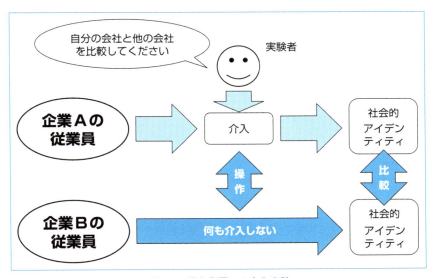

図6-2 現実集団への介入実験

[*42] ただ，この最小条件集団実験の結果については，別の解釈の可能性があることが指摘されています（たとえば，神・山岸，1997）。

[*43] これを**生態学的妥当性**とよびます。つまり，現実の環境でもはたして実験室と同じ結果が得られるかどうかについての妥当性です。

自分の会社と他の会社の違いを考えるということは，社会的アイデンティティを高めるといえそうです。しかし，実はそう簡単ではありません。もしかすると，企業Aの従業員のほうがもともと社会的アイデンティティが高かったかもしれないからです。現実の集団では，実験室での実験とは違って，操作を行う前の集団の状況がそもそも違ってしまっている可能性があるのです。

このように，実際の企業や組織集団場面でどのように社会的アイデンティティが形成されるかを知ろうと思ったとき，実験室実験のように厳密に因果関係を特定することが難しくなります。なぜなら，因果関係を厳密に特定する工夫を現実場面に盛り込むことは困難だからです。さまざまな条件が完全に等しい企業Aと企業Bの従業員を見つけることも，現実的ではないでしょう。そこで心理学では，実験的手法が使えない場合でも，因果関係をできるだけ精度良く特定するための方法として，準実験とよばれる手法が提案されています。本章では，この準実験という方法について解説していきます。

6.2 実験と準実験

6.2.1 実験室実験の特徴

実験室実験は，心理学における研究を支える，最も基本的なデータ収集法といえます。実験法は，第2巻で紹介したように，独立変数[*44]の操作，統制群の設定，無作為割り当てといった設計によって，独立変数が従属変数[*45]に与える因果関係を明らかにすることができます（図6-3）。

● **独立変数の操作** ● 独立変数を参加者から測定するのではなく，研究者が参加者に違いを作り出すことを指します。独立変数の操作は，環境をコントロールできる実験室実験なら，簡単に行うことができます。しかし，図6-2の現実場面での実験（調査）は，企業Aと企業Bという集団は元からあったもので，実験者（調査者）が設定したものではありません。また，操作を行うということは，独立変数を研究者が設定して，従属変数に与える影響を見るということです。つまり，独立変数→従属変数の因果関係を純粋に取り扱うことができます。しかし，操作をしない場合は，従属変数→独立変数という方向の因果も想定できてしまいます。したがって，実験から得た結果は因果関係にまで言及できますが[*46]，操作していない研究（代表的なのは調査研究）では，一般的に相関関係までしか言及できません。

[*44] 第4章と第5章の回帰分析では，文脈から「説明変数」とよんでいました。
[*45] 第4章と第5章の回帰分析では，文脈から「目的変数」とよんでいました。
[*46] ただし厳密に因果関係があると主張するには，実際には哲学的な問題などを議論する必要もあります。ここでは，統計学的な意味に限定したことを書いています。

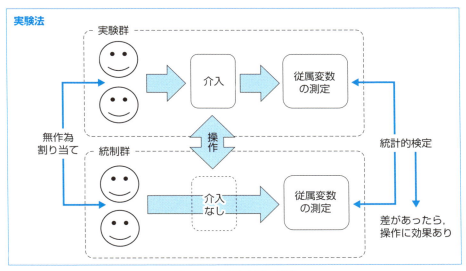

図6-3　実験室実験の特徴

●**統制群の設定**●　これは，実験参加者の中に，何も介入をしないグループを作ることを指します。独立変数を操作するときに，介入する群と介入をしない群を作ることで，純粋に介入を与えた効果の有無を検討することができるのです。もし統制群を設定しないと，得られた結果が操作によるものであると断言することが難しくなります。つまり，独立変数以外の変数の影響を受けている可能性が残ってしまうということです。

　たとえば，20人の従業員に，ある営業のトレーニングプログラムに参加してもらったとします。このとき介入前（第1回）と介入後（第2回）の結果を比較して，介入後の営業成績が有意に良かったとします。そのとき，「このトレーニングプログラムの効果はあった」といえるでしょうか。そうです，いえません。もしかしたら，たまたまその前後に景気が良くなって，契約が取りやすくなっただけかもしれません。こういうときは，統制群を設けて，トレーニングプログラムに参加しない群の，第2回目の結果よりも結果が良い必要があります。統制群との比較によってはじめて，トレーニングプログラムだけの結果によって違いが出たといえるのです。

●**無作為割り当て（random assignment）**●　これは，統制群と操作した群をランダム[*47]に実験参加者を割り当てることを指します。これは，操作する前には何も違いがないようにするためです。上の例で説明すると，たとえば，トレーニング介入群に振り分けられた従業員が，もともと営業能力の高い人に偏っていたとします。すると，統制群とトレーニング介入群の違いは，もともとの能力の違いによるものである可能性も出てきてしまいます。設定した群には，操作する変数以外の特徴について違いがないように，実験参加者を無作為に割り当てなくては

[*47]　ここでいうランダムとは，「でたらめ」という意味ではなく，すべての人がどの群に入るかについて等確率であることを意味します。

いけません。そうすることでやっと，純粋に「トレーニングプログラムが営業成績を上げたのだ」と主張することができるのです。

6.2.2 準実験

準実験（quasi-experiment）とは，これらの実験室実験の特徴のうち，無作為割り当てや統制群の設置が実現できないときに用いる方法です。

まず無作為割り当てに関して，たとえば図6-2のような介入研究を行うとき，10くらいの企業を募ってランダムに2群に割り当てることができれば理想的ですが，ほとんど現実的ではありません。そもそも研究に協力してくれる企業はそんなに多くなく，図6-2では，無理をお願いして企業Aと企業Bにようやく協力してもらった，というのが実際のところです。また，がんばって6つくらいの企業にお願いすることができても，企業ごとの違い（会社規模，業種，従業員数，所在地など）が大きくて，3つずつ2グループに分けても，到底2グループは均質になりません。

また，統制群についても，たとえば学校を対象とした介入研究では，統制群の設定が難しいことがあります。教育機関である学校で，あるクラスだけ特別な介入を行い（実験群），別のクラスでは何もしない（統制群）という違いを作ることが，統制群の生徒に対して教育機会をはく奪しているとして，倫理的・教育的に問題を持つことがあるからです。たとえば，最新の電子デバイスを用いて教育効果の高い介入授業を行って，生徒の学力の伸びを検討したいと思ったとします。しかし，統制群にはこのデバイスを用いないので，統制群のクラスの生徒は教育機会を失っているといえるのです。

このように，現実集団を対象とした研究では，統制群を設定できなかったり，無作為割り当てができないときがあり，実験室実験のような厳密な条件を満たすことができないのがほとんどです。こういったときは，準実験という方法が有効です。

本章では，無作為割り当てができないときの準実験について，解説します[*48]。無作為割り当てが使えないときは，実験群と統制群の操作前の等質性を仮定できません。よって，介入の効果が従属変数に影響を与えたのか，もともとの群の性質の違いが影響したのか，区別できないことになります。そこで，事前に従属変数（社会的アイデンティティ）を測定しておき，続いて介入の後に従属変数をもう一度測定することで，もともとの群の性質の違いを考慮に入れた分析を行う方法が提案されています。この方法を，不等価群事前事後テスト計画とよびます（図6-4）。

なお，事前テストを実施しない場合を不等価事後テスト計画とよびますが，これは準実験とは見なさず，偽実験とよばれています。つまり，不等価事後テスト計画では因果関係について主張ができません。

[*48] 統制群を設定できない場合の準実験については，高野・岡（2004）に詳しい解説があります。

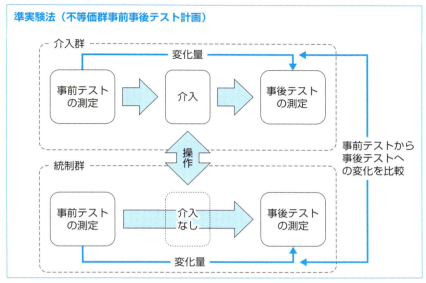

図6-4　準実験計画のイメージ

　しかし，不等価群事前事後テスト計画でも限界があります。それは事前テストと事後テストの差が大きい場合，純粋な介入の効果とはいえないことがあるからです。たとえば，実験群の企業の社会的アイデンティティがとても低かったとします。そして，事後テストで実験群のほうが大きく社会的アイデンティティが向上したとしても，それは実験群の企業がたまたま事前テストの時期に，たとえば会社が不祥事を起こしたなどで社会的アイデンティティが低くなっていて，事後テストのときには不祥事を無事に処理して普通に戻っただけである可能性があります。調査期間内にさまざまなイベントが起こりうるからです。

　このような可能性を排除するためには，事前テストを複数回実施しておけば「その企業の平均的な状態」を知ることができ，このような状況に対応することができます。つまり，突発的なイベントの影響などを排除して，介入の効果を知ることができるのです。しかし，事前テストを何度も実施するのは，現実的な問題として，時間・人手・研究費など多大なコストがかかります。それに，日々仕事で多忙な企業の方々が，何度も調査に付き合ってくれることは通常ありません。

　そこで本章は，不等価事前事後テスト計画で得たデータを上手に分析するための手法に集中して，議論していきます。

6.2.3　剰余変数の統制

　準実験計画では，剰余変数の影響を考慮する必要があります。**剰余変数**とは，独立変数の操作以外に，事後テストに影響を与えうる変数のことです。たとえば，企業Aと企業Bで従業員の勤続年数に違いがあるとします。集団に所属している期間の長さは，社会的アイデンティテ

ィの形成に大きく影響すると考えられています。このような剰余変数は，実験室実験では，入り込む余地がないように統制します。つまり，「操作している変数以外には何も違いがない」ように計画します。無作為割り当てによって2群に振り分ければ，剰余変数の統制はかなり厳密に行うことができます。しかし，現実にはどれだけ均質な2集団を選んだとしても，実験室実験のように剰余変数を計画的に排除することは難しいです。

そこで準実験計画では，実験的統制ではなく，統計的統制という手法で剰余変数の影響を排除します。**統計的統制**とは，あらかじめ考えうる剰余変数を測定しておいて，あとで分析上で統制する方法です。統計的統制については次節で詳しく解説します。このように準実験では，剰余変数をあらかじめたくさん想定して，測定しておくことが重要です。

さて，このように厳密な実験室実験でなくても因果関係に迫るための方法は，いろいろ提案されています[*49]。少なくとも不等価群事前事後テスト計画を実施することで，因果関係について最低限の主張をすることができるようになります。

ただし，準実験を行ったからといって，真の因果関係を特定できるとは限りません。統計学によって推定できる因果関係は，いくつかの仮定が成り立っているときの，限定的な推論にすぎません[*50]。それはあくまで統計的な推論であって，それが正しい心理学理論であるかどうかについては，慎重に判断する必要があります。

なお，このことは実験についても同様です。実験で検証されたことがそのまま理論的にも因果関係があるといえるかどうかは，心理学を含む周辺領域のさまざまな科学的根拠と矛盾しないかなど，検討を重ねる必要があります。データによる分析は，あくまで理論の検証に用いるものであって，理論そのものの真正性や無矛盾性はデータ分析だけでわかるわけではありません。

6.3 共分散分析

6.3.1 不等価群事前事後テスト計画の分析

準実験を計画することで，実験室実験でなくても因果関係に迫ることができることを紹介しました。それでは，このような方法は，どうやって操作の効果を知ることができるのでしょうか。一番簡単に思いつくのが，事前テストと事後テストの変化量（差得点）に対して，平均値の差の検定（対応のないt検定）を実施する方法でしょう。しかし，この方法では，事前テストの得点が高い・低いことの影響を取り除くことができません。具体的にいうと，介入に関係なく，事前テストで点数がたまたま低かった人が，事後テストで点数が元に戻っただけかもし

[*49] ここで挙げた例以外にも，操作の影響を受けないと思われる複数の従属変数を測定して，それらに事前事後の変化が見られないことをもって，因果関係に迫る方法もあります。
[*50] 統計学で因果関係の特定に迫る枠組みを，**統計的因果推論**ともよびます。

れないからです(*51)。つまり，事前の得点の高低という個人差の影響が，取り除けていないのです。

そこで，準実験計画の代表的な分析手法のひとつである**共分散分析（analysis of covariance）**を用います(*52)。共分散分析とは，第2巻で勉強した分散分析の発展版です。しかし，見方を変えると，本書の第5章で勉強した重回帰分析と同じ方法でもあります。共分散分析を知ることで，分散分析と回帰分析が実は同じ手法(*53)であることが理解できます。

共分散分析では，分散分析に**共変量（covariate）**とよばれる変数を追加します。共変量とは，各群に共通して測定され，従属変数に影響する変数です。そして，共変量の効果を統計的に統制することで，より純粋な独立変数→従属変数の効果を見ることができます。不等価群事前事後テスト計画の準実験では，事前テストを操作前に測定していました。これも，独立変数が事後テストに与える影響を，事前テストの得点で統計的に統制して推定するためなのです。事前テストの得点で統制することによって，無作為割り当てができない準実験においても，2群の性質の違いを事後的にないものとして分析することができるのです。

それでは，統計的な統制とは，どういう処理を行うことなのでしょうか。

6.3.2 共分散分析による統計的統制

ここから，共分散分析による統計的統制について解説します。まず，図6-2のような企業への介入手続きに基づいて，社会的アイデンティティの調査を行ったとします。

調査参加者はAとBの2つの企業の従業員で，それぞれ20人ずつです。調査は介入の前と後の2回実施しました。調査は各従業員に対して，所属する企業への社会的アイデンティティを測定しました。ただし，企業A（実験群）の従業員には，事前テストの後に，「あなたの企業と他の同程度の規模の企業を比較してください」と伝えます。企業Bには何も伝えません。つまり，企業Bの従業員は統制群です。このとき，他の企業との比較

表6-1 社会的アイデンティティの事前事後テスト（人工データ）

ID	条件	事前テスト	事後テスト	勤続年数
1	実験群	0.7	5.2	17
2	実験群	2.9	5.0	18
3	実験群	3.4	7.2	16
4	実験群	2.2	5.8	18
⋮	⋮	⋮	⋮	⋮
18	実験群	1.7	7.8	13
19	実験群	3.2	7.3	17
20	実験群	2.2	6.5	16
21	統制群	6.2	6.2	21
22	統制群	5.4	7.1	7
23	統制群	7.5	7.7	22
24	統制群	4.5	5.6	12
⋮	⋮	⋮	⋮	⋮
38	統制群	5.3	5.2	20
39	統制群	5.4	5.6	13
40	統制群	5.6	6.4	20

---
*51 このような現象を，**平均への回帰**とよびます。
*52 **ANCOVA**と略すことがあります。
*53 数学的には同じですが，使われる文脈や結果の表現の仕方が異なるので，見た目は別の分析手法であるように見えます。

を求める介入は，社会的アイデンティティを向上させるでしょうか。

データは表6-1（人工データ）のようになりました。ID1〜20までが介入を行った実験群（企業A）で，ID21〜40が統制群（企業B）です。事前と事後に，社会的アイデンティティを測定しています。測定する項目は「この集団に愛着を持っている」などのような7件法の5項目で，従業員ごとに5項目の平均点を表示しています。また，各従業員の勤続年数も測定しています。

まずは少し寄り道してみます。社会的アイデンティティの事後テストについて，実験群と統制群の2群の平均値の差の検定（対応のないt検定）を実行すると，図6-5（右）のように統計的に有意な差はありませんでした。しかし，図6-5（左）のように，事前テストでは2つの企業で大きく違うようです。もし，これが不等価事後テスト計画（偽実験）だとしたら，事後テストしか測定し

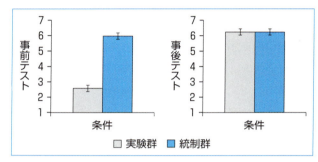

図6-5　事前テスト（左），事後テスト（右）の群ごとの得点

ないため，「操作による効果がなかった」という結論になるでしょう。しかし，事前テストには大きな違いがあり，企業Aは事前テストからかなり得点が向上しているのがわかります。

それでは，事前テストを統制しつつ（事前テストを共変量として），事後テストの比較を共分散分析で行ってみましょう。

さて，ここで統制について解説します。まず**実験的統制**は，「操作する変数以外をまったく同じ条件にする」ことでした。いわば，実験前の準備のひとつです。それに対して**統計的統制**は，「操作する変数以外のすべての変数が同じ値であるときの，各群の値を推定する」ということです。これは，データを取り終えた後の分析の際に行うことです。たとえば，事前テストは実験群と統制群では大きな違いがありました。この事前テストが仮に，どちらの群も同じ得点の人どうしの事後テスト得点を推定して，その値を比較することができれば，条件をあらかじめ実験的にそろえたかのように，操作の効果を検討することができるでしょう。

事前テストを各群で同じ値の人どうしの，事後テスト得点を推定するためには，回帰分析を使います。図6-6は，表6-1のデータをプロットしたものです。実験群（青い散布図）と統制群（黒い散布図）は，それぞれ20人ずつです。たとえば，事前テストがどちらの群も0点であるときを考えましょう。事前テストが0点のときの事後テスト得点を予測するには，第4章で学習したように，事後テストを目的変数，事前テストを説明変数にしたときの，回帰分析の切片を推定すればいいことになります。図6-6では，それぞれ青の直線は実験群の回帰直線を，黒の直線は統制群の回帰直線を表しています。ただし，このとき回帰係数（直線の傾き）は2群で等しいと仮定していますので，2つの回帰直線は平行になります。Y軸と回帰直線が交わったところが，事前テストが0点のときの事後テストの値の推定値，つまり切片です。

図6-6を見てわかるように，事前テストが0点（そのような人はこのデータにはいませんでしたが）の人どうしを比べると，実験群のほうが統制群よりも得点が高いことがうかがえます。これは，事前テストが0点のときだけではありません。事前テストが1点どうしの人を比べても，2点どうしの点を比べても，と事前テストのどの点に注目しても，実験群の回帰予測値のほうが高くなっています。これは，2つの直線が平行だからです。このことから，もし事前テストが等しい企業に対して介入をしていた場合，事後テストは介入を行った企業のほうが高くなっていただろう，と主張することができるのです。

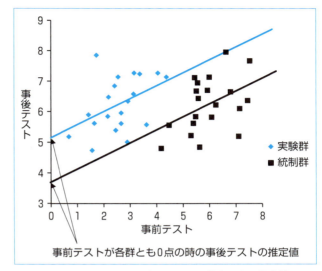

図6-6 各群の事前・事後テストの散布図と回帰直線

このように，共分散分析では回帰分析をそれぞれの群に適用して，共変量（ここでは事前テスト）の値が等しいときに，従属変数（ここでは事後テスト）の群間の差を検定する方法です。図6-6では事前テストが0点のときに注目していますが，共分散分析では，共変量が平均値のときの従属変数の得点を推定することがほとんどです。このときの平均は，2群全体の平均です。なぜなら，この例のように，実際に事前テストが0点の人はおらず，事前テストが平均的（ここでは4.5点くらい）であるときの2群の比較を検討するほうが有意義だからです。

そこで，図6-7のように事前テストの平均値が0点になるように調整すると，切片が事前テストの平均値になるため，解釈がしやすくなります。図6-7を見ると，事前テストを統制したときの事後テストは実験群が7点，統制群が5.5点程度であることがわかります。実際に共分散分析を，ソフトウェアを使って実行してみましょう。事後テストを従属変数，条件を独

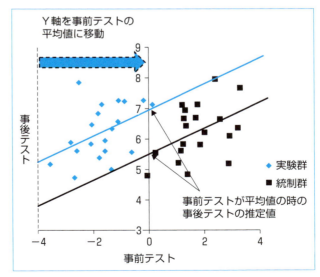

図6-7 事前テストの平均値が0になるように調整した場合

表6-2 共分散分析の結果（事前テストが平均値のときの推定値）

	平均値	標準誤差	t値	自由度	p値
実験群	6.97	0.31	22.70	37	.000
統制群	5.52	0.31	17.98	37	.000
差	1.45	0.56	2.60	37	.013

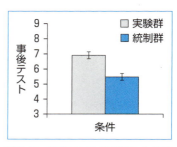

図6-8 事前テストを統制した共分散分析の結果

立変数として指定します。続いて，事前テストを共変量に指定して分析をします。すると，表6-2のような結果が得られました。実験群の事前テストを統制して，推定された事後テストの平均値が6.97，統制群は5.52で，その差は1.45点でした。この差は統計的に有意でした（$t(37) = 2.60$, $p < .05$）。

これをグラフに表したのが，図6-8[*54]です。この結果から，自分が所属する集団と他の集団を比較させる介入を行うと，社会的アイデンティティが高くなると解釈することができます。

このように，実験室実験のような厳密に無作為割り当てができないときでも，準実験計画の考え方に基づく共分散分析を用いることで，因果関係に迫ることができるのです。

6.4 共分散分析と重回帰分析の関係

前節では，共分散分析を用いて共変量を統制したときの，独立変数の効果を推定しました。共分散分析は回帰直線を利用して，共変量が同じ得点のときの各群の得点の差を検出します。ただし，回帰直線が平行なので，共変量のどこで比べても2群の差は同じです。このように，共分散分析は，回帰分析を内部で行っている方法であるといえます。そして，共分散分析は今から解説するように，実は重回帰分析と同じ分析手法なのです。

6.4.1 ダミー変数

ここで，実験群に所属する人に1点，統制条件に所属する人に0点をつける2値の変数を作ります（表6-3）。このような変数を**ダミー変数**とよびます。ダミー変数とは，質的な変数に便宜的に0点と1点をつけて，数値的に区別できるようにした変数のことです。

このダミー変数と共変量をそれぞれ説明変数，そして事後テストを目的変数とした重回帰分析は，実は共分散分析と同じ結果が得られるのです。それはなぜでしょうか。共分散分析のモデルは以下のとおりです。

> 事後テスト ＝ 切片 ＋ 係数1 × ダミー ＋ 係数2 × 事前テスト ＋ 誤差

[*54] 棒グラフの上に付いているエラーバーは，標準誤差を示しています。

表6-3 条件をダミー変数化したものを追加したデータセット

ID	条件	ダミー	事前テスト(中心化)	事後テスト	勤続年数	ID	条件	ダミー	事前テスト(中心化)	事後テスト	勤続年数
1	実験群	1	−3.3	5.2	17	21	統制群	0	2.0	6.2	21
2	実験群	1	−1.4	5.0	18	22	統制群	0	1.2	7.1	7
3	実験群	1	−0.9	7.2	16	23	統制群	0	3.2	7.7	22
⋮	⋮	⋮	⋮	⋮	⋮	⋮	⋮	⋮	⋮	⋮	⋮
18	実験群	1	−2.6	7.8	13	38	統制群	0	1.0	5.2	20
19	実験群	1	−1.1	7.3	17	39	統制群	0	1.1	5.6	13
20	実験群	1	−2.1	6.5	16	40	統制群	0	1.3	6.4	20

このとき，ダミー変数に0と1をそれぞれ代入することで，以下のような2通りの回帰式を得ることができます。

> ダミー＝0（統制群）：事後テスト＝切片＋係数2×事前テスト＋誤差
> ダミー＝1（実験群）：事後テスト＝（切片＋係数1）＋係数2×事前テスト＋誤差

統制群については，ダミー変数に0を代入すると，係数1もろともキャンセルされますが，実験群については，ダミー変数に1を代入すると，係数1が残ります。したがって，実験群の回帰式では，（切片＋係数1）を改めて回帰直線の切片と見なすことができ，係数1の大きさは，2つの回帰直線の切片の差ということができます。つまり，ダミー変数の偏回帰係数（係数1）は，そのまま2群の差を表しています。

なお，図6-7で説明したように，共変量の平均値を0に調整するほうが結果を解釈しやすいです。平均値を0点にするには，共変量の平均値を共変量の各得点から引けばよいのです。これを**変数の中心化**とよびます。表6-3では，事前テストの得点を中心化しています。

6.4.2 重回帰分析による分析

では実際に，重回帰分析をダミー変数と中心化した共変量を説明変数として実行してみると，表6-4のような結果が得られます。

「条件」の偏回帰係数は1.45が得られました。これは，事前テストで統制したときの実験群の得点から，統制群の得点を引いたものと一致します。また，「切片」は5.52という値が得

表6-4 ダミー変数と中心化した共変量を説明変数とした重回帰分析

変数名	係数	標準誤差	t値	df	p値	95%下限	95%上限
切片	5.52	0.31	17.98	37	.000	4.90	6.14
事前テスト	0.43	0.15	2.93	37	.006	0.13	0.73
条件	1.45	0.56	2.60	37	.013	0.32	2.58

られました。これは，事前テストと条件がそれぞれ0点のときの値ですから，事前テストで統制したときの統制群の値を意味しています。これらの値を使って，事前テストで統制したときの実験群の推定値は，5.52＋1.45＝6.97と計算することができます。これは先ほどの共分散分析の結果と一致しています。

このように，共分散分析と重回帰分析は，同じ分析手法であることがわかると思います。

6.4.3　複数の共変量がある場合

共分散分析では，統制するための変数は1つである必要はありません。調査の仕方によっては，事前テスト以外に剰余変数を，統計的に統制する必要が出てきます。そのようなときは，複数の共変量を指定します。たとえば，表6-1のように各回答者の勤続年数を，剰余変数として測定していたとします。そのような剰余変数も，事前テストとともに共変量として指定し，共分散分析を実施することができます。

このように，事前テスト以外にも共変量を測定しておくことで，実際はいろいろな要素が違う集団の比較であっても，あたかも「同じ環境にある集団同士の比較」であるかのように，介入の効果を推定することができるのです。このことから，準実験計画では，変化を見たい変数に影響を与えていそうな剰余変数について，事前に何を測定しておくべきかを十分考慮しておく必要があるのです。

ただし，共変量は何でもかんでもたくさん使えばいい，というわけでもありません。以下に述べるように，共分散分析にはいくつか仮定があるため，共変量の投入にはいくつか考慮すべき点があるのです。

6.4.4　共分散分析の仮定

共分散分析では，図6-6や図6-7のように「回帰直線が平行である」，つまり回帰係数が等しいと仮定しています。これを**回帰係数の等質性の仮定**とよびます。回帰係数が平行でないと，共変量の値によって推定される群間の差が変わります。そうすると，共変量を用いて統計的な統制を行うことができません。

質問コーナー

準実験計画において考慮すべき共変量が多くある場合，どうすればいいでしょうか？

共分散分析は回帰直線の平行性が仮定されているため，共変量が多い場合，それらがすべて成り立つのは難しいといえます。そのような場合には，**傾向スコア**を用いた方法が有効です。傾向スコアとは，たくさんの共変量によって予測される回答者の特徴を1つにまとめたものです。傾向スコアによって特徴を1つの変数にまとめることで，共分散分析の安定性が増し，よりバイアスのない因果効果の推定を行うことができます。傾向スコアと，それを用いた分析法については，星野（2016）などが参考になります。

それでは，どういうときに回帰係数の等質性の仮定を満たすのでしょうか。実は，共変量（ここでは事前テスト）と要因（実験群と統制群）の交互作用項を見ることによって，確かめることができます。共分散分析を実行できるソフトウェアのほとんどは，共変量と要因の交互作用を検討できます。交互作用項がもし有意だったら，それは条件ごとで回帰係数が異なっていることを意味しますから，共分散分析の条件を満たしていないことになります。このような問題は，第4巻第2章で詳しく取り扱っているので，そちらを参照してください。

6.5 本章で取り上げた心理学をもっと勉強するために

社会的アイデンティティ理論はヨーロッパの社会心理学者が提唱した理論で，アメリカ中心の社会心理学の中では特徴的な理論です。特に，最小条件集団実験のあざやかさは，著者が社会心理学を勉強しはじめたときに，大きなインパクトがありました。

社会的アイデンティティ理論や，その発展形である自己カテゴリー化理論については，ホッグ（1994）に詳しく解説されています。わかりやすくまとめられた文献としては，池田ら（2010）の9章があります。

【文献】
ホッグ, M. A./廣田君美・藤澤 等監訳（1994）．集団凝集性の社会心理学——魅力から社会的アイデンティティへ．北大路書房
星野崇宏（2016）．統計的因果効果の基礎——特に傾向スコアと操作変数法を用いて．岩波データサイエンス刊行委員会編　岩波データサイエンス, 3, 62-90.
池田謙一・唐沢 穣・工藤恵理子・村本由紀子（2010）．社会心理学．有斐閣
神 信人・山岸俊男（1997）．社会的ジレンマにおける集団協力ヒューリスティックの効果．社会心理学研究, 12, 190-198.
Tajfel, H., Billig, M. G., Bundy, R. P., & Flament, C.（1971）. Social categorization and intergroup behaviour. *European Journal of Social Psychology*, 1, 149-178.
高野陽太郎・岡 隆編（2004）．心理学研究法——心を見つめる科学のまなざし．有斐閣

問1：ソフトウェアを使って，勤続年数を統制した場合の，共分散分析と重回帰分析を実行してみましょう。2つの分析結果を比較してみてください。

問2：事前テストと事後テストの差を t 検定した場合の結果と，事前テストを共変量とした共分散分析の結果がどう違うかを，比較してみましょう。

問3：共変量を中心化しない場合の共分散分析と重回帰分析を実行してみて，結果がどう異なるかを比較してみましょう。また，その結果をどのように解釈したらよいか，考えてみましょう。

リーダーシップ・スタイルの相乗効果
――階層的重回帰分析と調整分析

第6章では集団への所属意識について学習しましたが，第7章では，その集団や組織にとって望ましいリーダーシップとは何かについて考えます。また，第4章と第5章で学習した回帰分析を応用して，2つの変数の交互作用効果を検討する手法について学習します。

7.1 リーダーシップ理論

7.1.1 リーダーシップとは

人が集まってできた組織には，たいていリーダーがいます。リーダーは組織の代表であり，組織の目標を掲げ，どうすればその目標にたどり着けるよう導きます。リーダーがどのように組織を導けばうまく目標を達成できるのか，どうすれば組織の他のメンバー（フォロワー）[*55]のやる気が高まるのかなどを知ることは，社会に生きる私たちにとって，とても重要な課題といえるでしょう。

組織のメンバー（多くはリーダー）が組織の目標を達成するために，その組織の活動やメンバーに影響を与えることを，**リーダーシップ**とよびます。リーダーシップは，リーダーだけが発揮するものではありません。組織のメンバーは何かしら，組織目標のために他のメンバーや活動に影響を与えていて，それらはすべてリーダーシップを発揮していると考えることができます。たとえば，部長の立場ではなくても，ある部員が率先して他の部員に対して教育をしたり，仲を取り持つようなことをしていれば，それもリーダーシップです。もちろん，最もリーダーシップを発揮しやすい立場にいるのがリーダーであることが多いのは確かです。本章でも，基本的にはリーダーが発揮するリーダーシップを扱います。

社会心理学やグループ・ダイナミックスの研究では，はじめは「どういう性格の人がリーダーに向いているのか」を検討していました。たとえば，リーダーとして成功した人の性格をリストアップして，どういう性格のリーダーが成功するのかを研究していたのです。しかし，どんな集団にも適しているリーダーの性格は，うまく見出すことができませんでした。望ましい

[*55] リーダーに対して，部下などのリーダー以外の組織メンバーのことを，フォロワーとよびます。

リーダーの性格は，組織の課題や目標の種類，組織の規模などによって変わってくるからです。そのことから，リーダーシップの研究では，組織やそのフォロワーに対してどのように行動すればいいのか，という リーダーシップ・スタイル の研究へとシフトしていきました。

7.1.2 リーダーシップ・スタイル

アメリカのオハイオ大学で，リーダーシップ行動が体系的に研究されました（「オハイオ研究」とよばれています）。その研究で，リーダーシップ行動を測定する尺度，リーダー行動記述質問票（Leader Behavior Description Questionnaire：LBDQ）が開発されました。LBDQは何度も改訂されて発展していますが，尺度内容は大きく分類すると，2つの因子に分かれることがわかってきました。それは，「配慮」因子と「構造づくり」因子です（図7-1）。

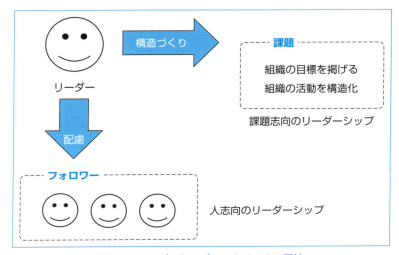

図7-1　リーダーシップ・スタイルの二面性

「配慮」因子は，組織のフォロワーに対する働きかけに関するリーダーシップを指します。配慮に優れたリーダーは，組織メンバーのやる気や，フォロワー間の人間関係などに気を配り，組織全体の雰囲気づくりを行います。したがって，「配慮」因子は 人志向 のリーダーシップといえます。

「構造づくり」因子は，組織の目標に対してどう取り組めばいいかを具体的に示したり，組織内の役割関係をはっきりさせたりするリーダーシップを指します。構造づくりに優れたリーダーは，組織の課題を明確に構造化して，目標達成に向けて組織を動かします。したがって，「構造づくり」因子は 課題志向 のリーダーシップといえます。

7.1.3 PM理論

リーダーシップ・スタイルの研究は，日本でも盛んに行われています。特に，三隅（1966）

のPM理論は有名で,日本のリーダーシップ研究者によって数多くの研究が行われてきました。本章でもこのPM理論について解説します。

PM理論では,リーダーシップの機能は2種類あるとしています。ひとつはパフォーマンス機能(課題達成機能),もうひとつはメンテナンス機能(関係維持機能)です。PM理論のPがパフォーマンス,Mがメンテナンスを指しており,パフォーマンス機能のことを「P機能」,メンテナンス機能のことを「M機能」と略すことが多いです。P機能は目標達成に向けて組織を動かす機能であり,具体的な計画を立てて仕事をしやすくしたり,フォロワーに指示したり圧力をかけることで課題達成を促進します[*56]。M機能は組織をまとめるための機能であり,組織のフォロワー同士の関係や,リーダーとフォロワーの関係を良好に保ちます。この2つの機能は,オハイオ研究の2因子と密接に関連していて,それぞれ,P機能は「構造づくり」因子に,M機能は「配慮」因子に対応していると考えられます。

PM理論では,PとMの2つの機能の組み合わせについて考察しています。PM理論を図で表すと,図7-2のようになります。P機能が高い場合はPと大文字で表記し,逆にP機能が低い場合はpと小文字で表記します。M機能についても同様です。これによって,4つのリーダーシップ・スタイルを区別することができます。

PM型のリーダーシップは最も理想的なスタイルで,組織をまとめながら,目標達成に向けてフォ

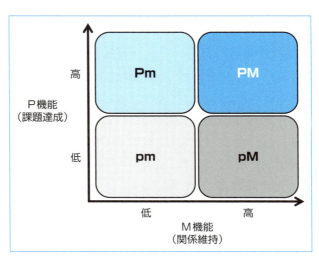

図7-2　PM理論による4つのリーダーシップ・スタイル

ロワーをうまく導きます。Pm型は生産性を上げるのは得意ですが,フォロワーをうまくまとめることができません。仕事はできるが人望が薄いリーダーシップといえます。pM型はそれとは逆に,フォロワー同士もリーダーも仲が良い一方,生産性はあまり上がらないようなリーダーシップです。pm型は,組織をまとめられず生産性も上がらない,最も望ましくないリーダーシップ・スタイルです。

7.1.4　リーダーシップ・スタイルの測定

PM理論には,リーダーシップ・スタイルを測定するための尺度があります。リーダーシップに関する尺度は,リーダー本人が回答するのではなく,部下であるフォロワーが回答する点

[*56] PM理論のP機能を発揮する行動には,「計画P行動」と「圧力P行動」の2種類があることが知られています。

が特徴的です。なぜなら，リーダーシップは，リーダー本人がそれを発揮したと思っていても，フォロワーに実際に影響していなければ意味がありません。そこで，フォロワーがリーダーを評価する形式にすることが多いのです。

さて，本章では，リーダーシップ・スタイルがフォロワーの仕事のやる気に対してどのような影響を与えるのか，PM理論に従って分析してみたいと思います。PM理論では2つの機能の組み合わせによって，リーダーシップを4つの型に分類していました。この4つの型のリーダーシップは，フォロワーの仕事のやる気に対してどのような違いがあるのでしょうか。

7.2 階層的重回帰分析

7.2.1 仕事へのやる気をリーダーシップ・スタイルが予測するか

まず，今回のデータについて説明しましょう。企業で働く60人からデータを得ました（表7-1：人工データ）。回答者はそれぞれ異なる企業に所属しています。各回答者のリーダー（たとえば上司）について，リーダーシップ・スタイルのP機能，M機能を評定してもらいました。別々の企業なので，上司も回答者ごとに違います。

質問は，たとえばP機能を測定する項目として，「部下に規則に従うことを厳しく言う」といった文章について，リーダーを「とても当てはまる」から「まったく当てはまらない」までの7段階で評価してもらいました。M機能については，たとえば「部下

表7-1 リーダーシップ・スタイルについてのデータ（人工データ）

ID	やる気	P機能	M機能	給料
1	2.4	2.3	3.0	3
2	2.4	5.5	3.2	2
3	4.0	5.5	3.6	3
4	4.7	6.6	4.0	6
5	2.1	3.7	3.4	3
⋮	⋮	⋮	⋮	⋮
56	6.3	6.4	6.8	4
57	5.6	5.2	7.0	5
58	4.5	6.1	6.2	4
59	4.5	4.6	7.0	6
60	4.0	4.4	6.2	3
平均値	4.00	4.80	5.15	3.73
標準偏差	1.06	1.17	1.14	1.25

が困っている場合に援助をする」といった項目について，同様に7段階で評価してもらいました。また，自分の仕事に対するやる気は，たとえば「自分の仕事にやりがいを感じる」といった項目について7段階で答えてもらいました。これら3つの下位尺度は10項目ずつで，表7-1には70点満点を10で割った平均値を記載しています。さらに，自分の給料を，「とても満足している」から「まったく満足していない」までの7段階で評定してもらいました。

さて，各回答者の仕事へのやる気をリーダーシップで予測するために，重回帰分析を行ってみましょう。しかし，仕事へのやる気は当然，会社からの給料によっても影響を受けます。そこで，給料の影響を統制したうえで，リーダーシップの効果がどれほどあるかを検討してみます。これは第6章で勉強した，共分散分析と同じ考え方です。本章ではこれを重回帰分析で

実行してみます。なお，3つの説明変数「P機能」「M機能」「給料」は7点満点で，標準偏差が1.14～1.25とほとんど変わりませんでした。これは，3変数の単位がほとんど等しいということです。したがって，標準化しなくても，だいたい同じ単位のもとで結果を解釈することができるので，標準化していない偏回帰係数で結果を解釈することにします。

重回帰分析を実行してみると，表7-2のような結果を得ました。偏回帰係数の推定値（表中，「係数」）より，「給料」はやる気に対して正の有意な効果がありましたが，「P機能」も「M機能」も，「給料」よりも大きな正の有意な効果がありました。また決定係数R^2は.57と高く，やる気の分散の半分以上を説明していました。このことから，リーダーシップ（P機能とM機能）と給料は，仕事へのやる気に対して大きな影響力があるといえそうです。

表7-2　仕事へのやる気に対する重回帰分析結果

変数名	係数	標準誤差	t値	df	p値	95%下限	95%上限
切片	−1.15	0.61	−1.89	56	.064	−2.37	0.07
給料	0.29	0.08	3.77	56	.000	0.13	0.44
P機能	0.42	0.08	5.28	56	.000	0.26	0.58
M機能	0.40	0.08	4.88	56	.000	0.24	0.57

($R^2 = .57$, $R^2_{adj} = .55$)

さて，このときひとつの疑問が出てきます。今回のモデルでは，リーダーシップ・スタイルだけではなく，給料も含めたものでした。よって，決定係数の.57は，純粋なリーダーシップの説明力を表しているわけではありません。給料の効果を統制し，リーダーシップだけの説明力を知りたい場合は，どうすればいいのでしょうか。

7.2.2 階層的重回帰分析

こういうときに役立つのが，**階層的重回帰分析**です。階層的重回帰分析では，重回帰分析をいくつかのステップに分けて，各ステップごとに投入する説明変数（独立変数）を増やしていきます。そして，そのステップごとの説明力を知ることができる手法です。つまり，ステップを分けて分析することで，どれほど説明力が増加したのかを知ることができるのです。

今回の例では，まず給料の効果を見た後に，給料を統制したリーダーシップの効果が見たいわけですから，2つのステップに分けます。給料だけを投入したモデルをステップ1，給料に加え，リーダーシップの2機能を入れたモデルをステップ2とします。そして，ステップ1からステップ2で，どれほど説明力が増加したのかを推定するのです。

それでは，ソフトウェアを使って階層的重回帰分析を実行してみましょう。表7-3

表7-3　階層的重回帰分析の結果

変数名	ステップ1	ステップ2
切片	2.69**	−1.15+
給料	0.35**	0.29**
P機能		0.42**
M機能		0.40**
R^2	0.17**	0.57**
ΔR^2		0.40**

**$p<.01$,　*$p<.05$,　+$p<.10$

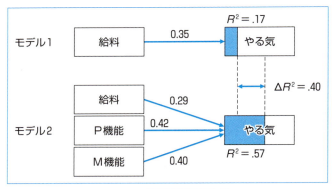

図7-3　階層的重回帰分析

と図7-3のような結果になりました。ステップ1，つまり給料のみを投入したモデルでは，決定係数が.17でした。つまり，給料だけでやる気の分散の17%を説明しています。それに対して，リーダーシップ・スタイルを加えたステップ2では，決定係数が.57でした。このことから，ステップ1からステップ2では，決定係数が.40増加していることがわかります。これを**決定係数の変化量**といい，ΔR^2 と表します。つまり，P機能とM機能は，給料で説明できなかった83%（＝100%−17%）のうち，約40%を説明できるということです。

また，階層的重回帰分析では，決定係数の変化量（ΔR^2）を検定することができます。ステップ1→ステップ2での決定係数の変化量$\Delta R^2 = .40$が有意かどうかは，増加した説明変数の数と，残差の自由度を用いて検定を行います。結果，.40の決定係数の変化量は有意であることがわかりました（$F(2,56) = 26.01$, $p<.001$[*57]）。このことから，リーダーシップは給料を統制しても，40%程度の有意な説明力があることがわかりました。

なお，今回はステップが2つの簡単なモデルでしたが，ステップはいくらでも増やすことができます。その場合，どのステップのモデルを採用するかは難しい問題です。ひとつの基準としては，「決定係数が有意に増加したステップまでを採用する」というものです。しかし，この基準は，標本サイズの大きさに依存するので注意が必要です。標本サイズが大きいほど，決定係数の増加量が有意になりやすいからです。こういうときは，決定係数や自由度調整済み決定係数の具体的な数値が，たとえば「.60を超えたとき」という基準で，どこまでのステップを採用するかを決めることもあります。

また，どの変数をセットにするとか，どのセットをどういった順序で投入していくかは，心理学的な仮説や研究目的と，整合的でなくてはいけません。今回のように，P機能とM機能をセットにするのは，リーダーシップを構成する2変数として自然でした。また，給料の影響を除いた2機能の影響力を調べたかったので，ステップ1で給料を投入し，ステップ2で2機能を

[*57] 最近は，$p = .0123$などと，書き下すのが一般的な報告の仕方です。しかし，ここでの実際の値は$p = .000000013043\ldots$となっていて書き下すのが煩わしいです。小数点以下の3桁以上ゼロが続くときは$p<.001$と略記します。

投入しました。

7.3 重回帰分析の交互作用効果（調整効果）の検討

7.3.1 リーダーシップ・スタイルの足し算モデルと相乗効果モデル

前節では，仕事のやる気に対して，給料を統制してもリーダーシップの効果があることがわかりました。続いて，PM理論が想定しているような，2つの機能の組み合わせの効果について考えてみましょう。

PM理論では，PM型が最も理想的なリーダーシップ・スタイルであるしています。それは，上司（リーダー）がP機能とM機能の2つをただ持っていることで，足し算的に部下の仕事のやる気に対して効果を持つからでしょうか。それとも，P機能とM機能を単純に足しただけではなく，両方備わることによって生じる相乗効果によるものでしょうか（図7-4）。

図7-4　PM型はPとMの足し算か，あるいは相乗効果か

相乗効果の有無は，交互作用効果を見ることによって検討できます。交互作用効果は，実験計画における分散分析[*58]では，要因が2つ以上あるときに検討できるものです。簡単にいうと，ある要因が別の要因の効果を変化させる効果のことでした。それと同じことを，実は重回帰分析でも実行することができます。

重回帰分析における交互作用効果は，どのように考えればよいでしょうか。それは，「ある説明変数の目的変数に対する効果が，別の説明変数の得点が変わると，変化する」というものです。図7-5を見てみましょう。まず，平均値を基準に，上司をM機能が高いと評価した群と，低いと評価した群に分けます。また，上司をP機能が高いと評価した群と，低いと評価した群に分けます。すると，両方の機能を高いと評価した群がいますが，その人たちのやる気の平均点が，実線の右側です。また，その他についても，たとえば上司のP機能を低く，M機能を高く評価した人たちのやる気の平均点が，破線の左側です。

図7-5（左）は，P機能の効果は平行になっており，M機能の得点によって変化していません。

[*58] 第2巻を参照してください。

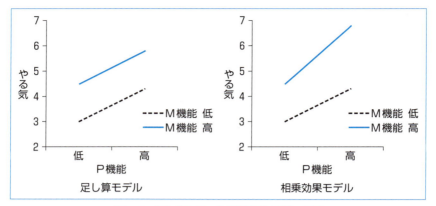

図7-5　足し算モデルと相乗効果モデルの例

なぜなら，M機能が高かろうが低かろうが，P機能が高くなると，やる気は1.30点くらい上がっているからです。すなわち，P機能とM機能には相乗効果がなく，足し算的な効果を持っていることを意味しています。

一方，図7-5（右）は，P機能の効果が平行ではなく，M機能の高低によって変わっていることがわかります。それは，M機能が低い上司のもとでP機能が高くても，それほど部下のやる気は高くなりませんが，M機能が高い上司のもとでP機能が高いと，部下のやる気は大きく向上しているからです。これはすなわち，P機能とM機能がともに高いことの相乗効果を表しています。PM型のリーダーシップが，特にやる気に対して効果を持っていることを意味します。

図7-6は，表7-1のデータのうち，「やる気」と「P機能」の散布図です。ただし，「M機能」については，平均値より高いグループと低いグループに分けて描画しています。そして，M機能の高群と低群のそれぞれについて，回帰直線を描いています。これを見るとわかるように，P機能のやる気に対する効果は，M機能得点の高低によって変化しています。M機能が高いほど，P機能→やる気の効果が大きくなっているのがわかるでしょう。すなわち，今回のデータはどうやら，足し算モデルよりは相乗効果モデルのほうがより良くデータを説明できそうです。

このことを模式的に示しているのが図7-7です。調整変数（ここではM機能）とは，説明変数（P機能）から目的変数（やる気）に対する効果を調整する，弁のようなものと考えるとよいです[*59]。

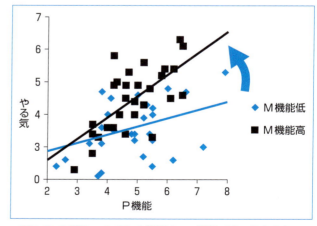

図7-6　P機能→やる気の効果は，M機能が高いとき大きい

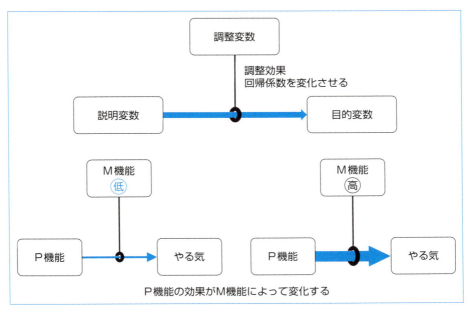

図7-7　調整分析のイメージ

弁を閉める（M機能が小さい）と，P機能→やる気の影響は小さくなりますが，弁を開く（M機能が大きい）と，P機能→やる気の影響は大きくなります。

今回の例では，P機能の効果がM機能によって変化していそうです。このように，ある説明変数によって別の説明変数の効果が変わることを，調整効果とよぶことがあります。調整効果は，結局は交互作用効果と同じですが，説明変数→目的変数の影響力を変える，調整するという意味を積極的に伝えたいときに用います。そして，重回帰分析でこのような調整効果を検討し分析することを，調整分析とよぶことがあります。

7.3.2　調整分析の実際

それでは，調整分析を行ってみましょう。具体的には，重回帰分析で説明変数間の交互作用効果を検討することです。図7-5では，説明を簡単にするためにM機能を平均値で2群に分けましたが，もともとM機能は連続変数なので，そのまま用います（高群と低群に分けません）。

重回帰分析における交互作用効果は，2つの説明変数を掛け算して新たに作成した変数の，目的変数に対する影響のことです。つまり，以下のような式の回帰モデルを立てます。

$$\text{やる気} = \text{切片} + \text{係数}_P \times \text{P機能} + \text{係数}_M \times \text{M機能} + \text{係数}_{PM} \times \text{P機能} \times \text{M機能}$$

---

*59　第6巻第5章も参照してください。

上の式で,「係数$_P$」はP機能の偏回帰係数,「係数$_M$」はM機能の偏回帰係数です。「係数$_P$×P機能」と「係数$_M$×M機能」のことを,**主効果項**といいます。また,右辺の最後,「P機能×M機能」は,P機能とM機能の変数同士を掛け合わせて作った**積変数**です。この積変数の偏回帰係数が「係数$_{PM}$」です。「係数$_{PM}$×P機能×M機能」を**交互作用項**とよびます。交互作用項がなければ,上の式は通常の重回帰分析になっていることに注意してください。もし「係数$_{PM}$」が0に近いなら,交互作用項がキャンセルされて,足し算モデル(通常の重回帰モデル)が支持されていることになります。逆に「係数$_{PM}$」が十分大きいなら,相乗効果モデルが支持されていることになります。

　ただし,重回帰分析で調整効果を検討するときは,いくつか分析上の工夫があります。それは,① 交互作用項の作成と,② 変数の投入法についてです。

●**交互作用項の作成**●　まずは,① の交互作用項を作るときの工夫についてです。それは,各説明変数を中心化した後に,掛け算の項を作るということです[*60]。なぜなら,単なるP機能とM機能の積変数は,P機能とM機能との相関がとても大きくなってしまいます。すると,多重共線性が生じる可能性が高くなります。そこで,2変数を中心化して積を計算すると,中心化しないときより相関は大きくなりません。実際に確認してみると一目瞭然でしょう(表7-4)。なお,中心化して交互作用項を作成しても,係数$_{PM}$の値は変わりません。

表7-4　中心化する場合としない場合の説明変数間の相関係数

中心化しない場合

	P機能	M機能	P×M
P機能	1.00		
M機能	.00	1.00	
P機能×M機能	.72**	.67**	1.00

中心化した場合

	P機能	M機能	P×M
P機能	1.00		
M機能	.00	1.00	
P機能×M機能	−.09	−.01	1.00

**p<.01

●**交互作用項の投入方法**●　もう一つの工夫は,② 交互作用項の投入方法についてです。前節で階層的重回帰分析について学習しましたが,調整分析でも慣例的に階層的重回帰分析を用いて行われることが多いです。まず,交互作用項を除いた主効果項を先に投入するステップを計算します。続いて,交互作用項を含めたステップを計算します[*61]。つまり,ステップ1は,図7-4の足し算モデル(通常の重回帰モデル)です。また,ステップ2は,相乗効果モデル(交互作用モデル)です。

　なぜ慣例的に,ステップ1(足し算モデル)を計算するのでしょうか。それには2つ理由があります。ひとつは,通常の重回帰モデル(足し算モデル)を実行して,P機能とM機能だけで

[*60]　中心化とは第6章で学習したように,各変数の平均値を0にすることでした。中心化は,各値からその変数の平均値を引くことで実行できます。

[*61]　この慣例的手法は,分散分析でいうところの**TypeⅡ平方和**を用いた検定方法と同様のものです。一方,交互作用項も含めたモデルの主効果は,**TypeⅢ平方和**による検定と同様の方法となります。

どれくらいやる気を説明できるのか，決定係数を確認するためです。なお，中心化して作った交互作用項が入っていてもいなくても，係数$_P$と係数$_M$の値はあまり大きな違いがないことがほとんどです。

もうひとつの理由は，交互作用項を含めるとモデルの変数の数が非常に多くなることです。いま，主効果項の変数が2つなので交互作用項は1つだけですが，もし主効果項の変数が3つあると，ペアの数だけ交互作用項を作れるので，全部で交互作用項は$_3C_2 = 3$個になります。主効果項の変数が4つのときはまた$_4C_2 = 6$個，主効果項の変数が5つのときは$_5C_2 = 10$と爆発的に増えていきます。また，主効果項の変数の3つの掛け算で作る2次の交互作用項（たとえば変数A×変数B×変数C）などをさらに考えるならば，交互作用項の数はすぐに膨大になってしまい，とてもすべての交互作用項を含めて分析していられません。よって，階層的重回帰分析の分析手続きを利用して，決定係数や修正済み決定係数の変化量を参考にしながら，どの交互作用項を含めるのか，そして，どの交互作用項を含めないのかを判断しながら，説明変数を取捨選択するやり方が現実的です。

ソフトウェアを用いて，主効果項のみのモデル（足し算モデル）と，交互作用項を含めたモデル（相乗効果モデル）を，ステップで分けて分析してみましょう。このとき，前節で検討したように，給料の効果も統制したモデルを考えると，表7-5のように分析のステップは3つになります。

表7-5　階層的重回帰分析による調整分析の結果

変数名	ステップ1	ステップ2	ステップ3
切片	4.00**	4.00**	4.00**
給料	0.35**	0.29**	0.29**
P機能		0.42**	0.44**
M機能		0.40**	0.40**
P機能×M機能			0.18**
R^2	.17**	0.57**	0.62**
ΔR^2		0.40**	0.06**

**$p<.01$, *$p<.05$, +$p<.10$

ステップ2までは7.2節の結果と同じです。ただし，切片の推定値が異なっています[*62]。ステップ2からステップ3へは決定係数が0.06増加しています。この増加量は有意でした（$F_{(1,55)} = 8.21$, $p = .006$）。ステップ2とステップ3で，係数$_P$と係数$_M$はほとんど同じ値でした。また，交互作用項の偏回帰係数（係数$_{PM}$）が0.18と推定され，有意でしたので，仕事のやる気に対するリーダーシップの2つの機能は，正の相乗効果があることがわかりました。

係数$_{PM}$は，調整変数が1点向上した場合に，平均的に「説明変数→目的変数」の効果がどれほど大きくなるか，を意味しています。表7-5より，得られた重回帰式は以下のとおりです。

やる気 ＝ 4.00 ＋ 0.44×P機能 ＋ 0.40×M機能 ＋ 0.18×P機能×M機能　　［①式］

[*62] 切片の値が違うのは，3つの説明変数（P機能・M機能・P×M）のすべてを中心化しているからです（P機能とM機能も中心化しています）。つまり，切片は3つの説明変数が平均値のときの，仕事へのやる気の推定値を意味しています。

つまり，M機能が平均的である上司を持つ部下は，いま，すべての変数を中心化しているので，M機能に0を代入すると，以下の回帰式が得られます。

$$やる気 = 4.00 + 0.44 \times P機能$$

したがって，M機能が平均的である上司を持つ部下たちの「P機能→やる気」への傾きは，0.44（係数P）です。

ここで，M機能が平均から1点高い上司を持つ部下たちを考察してみましょう。M機能に1を代入すればよいので，以下のようになります。

$$やる気 = 4.00 + 0.44 \times P機能 + 0.40 \times 1 + 0.18 \times P機能 \times 1$$
$$= 4.00 + 0.40 + (0.44 + 0.18) \times P機能$$

つまり，「P機能→やる気」の偏回帰係数は，0.44＋0.18＝0.62になります。同様にM機能＝2を代入すると，「P機能→やる気」の傾きは0.44＋0.18×2＝0.80となります。つまり，M機能が1点高くなるたびに，「P機能→やる気」の傾きが0.18（係数$_{PM}$）ずつ増えていきます。逆に，M機能が1点低くなるたびに，傾きが0.18ずつ小さくなります。

この様子を図示したものが図7-8です。図7-7では，説明を簡単にするために，M機能を高低群に分けて調整変数の説明をしました。しかし，本来，M機能は連続変数なので，連続的な「説明変数→目的変数」の傾き調整を行うことができます。もともと連続変数だったものを高

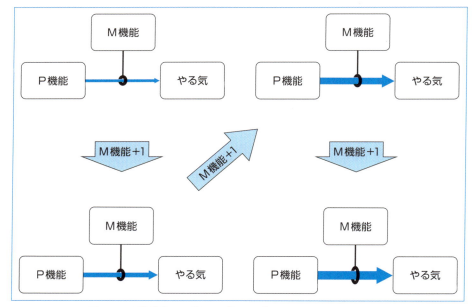

図7-8　調整変数が1増えるごとにP機能の偏回帰係数が増える

低群のように2値化すると，せっかくの情報が劣化することがあるので，基本的には連続変数はそのまま連続変数として分析するほうがよいです。

なお，切片は，M機能が1点高くなるたびに0.40（係数$_M$）ずつ高くなっていきます。偏回帰係数の解釈については，表7-6にまとめておきます。

表7-6 偏回帰係数の解釈のまとめ

係数	意味
説明変数（P機能）の偏回帰係数	調整変数が平均（0）のときの「説明変数→目的変数」の傾き。説明変数が1増えたときの目的変数の増分。
調整変数（M機能）の偏回帰係数	調整変数が1増えたときの目的変数の増分。
交互作用項の偏回帰係数	調整変数が1増えたときの「説明変数→目的変数」の傾きの増分。調整分析における主要な考察対象。

7.4 単純効果分析

7.4.1 単純傾き

今回のデータから，交互作用項の偏回帰係数（係数$_{PM}$）が有意であったことから，2つのリーダーシップ機能には相乗効果があることがわかりました[*63]。次に，具体的な調整変数（M機能）の値のときの傾きを，検討していきます。まず，①式を以下のように書き換えます。

$$やる気 = (4.00 + 0.40 \times M機能) + (0.44 + 0.18 \times M機能) \times P機能$$
$$= 単純切片 + 単純傾き \times P機能 \quad [②式]$$

すると，この式は，（4.00＋0.40×M機能）を切片とし，（0.44＋0.18×M機能）を傾きとする直線の方程式となっています。②式にあるように，切片と傾きはM機能の値によって変化します。このとき，M機能がある特定の値のときの切片を**単純切片（simple intercept）**といい，同様に，M機能がある特定の値のときの傾きを**単純傾き（simple slope）**[*64]といいます。

たとえば，M機能が－2，－1，0，1，2のときの単純切片と単純傾斜は，②式に代入すると，以下になります。

[*63] 本章のデータは人工データです。実際の調査結果は，回答者の職種・職位・年齢・性別や，企業の業種・規模・地域などで，さまざまに結果が異なります。
[*64] 単純「傾斜」という言葉をよく使いますが，訳語としても本来の意味からしても傾きのほうが適当です。本書では，単純傾きとよぶことにします。

> M機能 = −2: やる気 = 3.20 + 0.08 × P機能
> M機能 = −1: やる気 = 3.60 + 0.26 × P機能
> M機能 = 0: やる気 = 4.00 + 0.44 × P機能
> M機能 = 1: やる気 = 4.40 + 0.62 × P機能
> M機能 = 2: やる気 = 4.80 + 0.80 × P機能

つまりこれらは，それぞれの具体的なM機能の値（−2，−1，0，1，2）のもとで，「P機能→やる気」への影響力を表しています。ちなみに，いまM機能は中心化されているので，「M機能 = −2」という回答者は，M機能が平均から2点低い上司を持つ部下たちにの結果です。このように，具体的なM機能得点のもとでの回答者の様子をみるために，単純傾き分析を行います。

ところで，M機能 = −2，−1，0，1，2といった具体的な数値に，いま特に研究的関心があるわけではありません。そういうときは，具体的なM機能の値をどれくらいに設定すればよいでしょうか。社会心理学領域では，慣例的にM機能 = ±1SDのところに着目します。表7-1より，M機能のSDは1.14でした。したがって，以下のようになります。

> M機能 = −1SD = −1.14: やる気 = 3.54 + 0.23 × P機能
> M機能 = 1SD = 1.14: やる気 = 4.46 + 0.65 × P機能

M機能が1SD高い上司を持つ回答者たちの「P機能→やる気」の回帰直線と，M機能が1SD

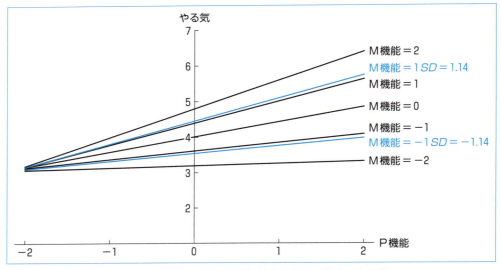

図7-9　M機能の具体的な値ごとのP機能→やる気の効果

低い上司を持つ回答者たちの「P機能→やる気」の回帰直線です。これまでのM機能の具体的な値ごとの，「P機能→やる気」の回帰直線を図示したものが図7-9です。図示して解釈することは非常に重要ですので心がけてください。

7.4.2　単純傾きの検定

さて，次にやることは，単純傾きの検定です。私たちの次の関心事は，単純傾きが有意であるのかどうかです。「M機能＝2」での単純傾き（標本単純傾き）は0.80として得られているが，母集団における単純傾き（母単純傾き）は0なのかそうでないのかが気になります。ところで，具体的にどのM機能の値に着目するかについては，分析者にゆだねられていますが，特にどこかの値に特別な興味がないときは，先ほど述べたように「M機能＝±1SD」に着目します。以降，そのやり方について説明します。

単純傾き検定のやり方を説明します。まず，交互作用項を作るとき，P機能とM機能をそれぞれ中心化しました。このとき，調整変数を中心化するときに平均を0に合わせるのではなく，±1SDが平均になるようにズラしてやることで，単純傾き検定が実行できるのです。では，具体的にやってみましょう。

まず，「給料」と「P機能」については，すでに平均値を引いて中心化したデータを使います。次に，M機能については「平均値＋1SD」を引いたものと，「平均値−1SD」を引いたものを用意します。これらはそれぞれ，「M機能＋1SD」（高群），「M機能−1SD」（低群）の単純効果を検討するときに使います。これらのデータを用意したら，表7-7のようなデータセットになります。

M機能が平均より1SD低いリーダーの，P機能の単純傾きを検定するためには，「M機能_低」

表7-7　単純効果分析用のデータセット

ID	やる気	給料_中心化	P機能_中心化	M機能_低	M機能_高
1	2.4	−0.73	−2.5	−1.01	−3.29
2	2.4	−1.73	0.7	−0.81	−3.09
3	4.0	−0.73	0.7	−0.41	−2.69
4	4.7	2.27	1.8	0.00	−2.29
5	2.1	−0.73	−1.1	−0.61	−2.89
⋮	⋮	⋮	⋮	⋮	⋮
56	6.3	0.27	1.6	2.80	0.51
57	5.6	1.27	0.4	3.00	0.71
58	4.5	0.27	1.3	2.20	−0.09
59	4.5	2.27	−0.2	3.00	0.71
60	4.0	−0.73	−0.4	2.20	−0.09

※「M機能_低」の得点は，もともとのM機能の得点から（M機能の平均値−M機能のSD＝5.15−1.14＝4.01）を引いたものです。同様に，「M機能_高」の得点は，（M機能の平均値＋M機能のSD＝5.15＋1.14＝6.29）を引いたものです。

を用いて中心化したP機能との交互作用項を作成します。同様に，M機能が平均より1SD高い点での単純効果を検討する場合は，「M機能_高」の変数との交互作用項を作成するのです。あとはソフトウェアで重回帰分析を実行するだけです。このとき，「P機能_中心化」の偏回帰係数が，「M機能_高」におけるP機能の単純傾きの推定値になっています。「M機能_低」についても同様です。

結果を表7-8に示します[*65]。先ほど計算したM機能高群，低群の単純傾きの値と一致しているのがわかると思います（丸め誤差の範囲）。また，この標準誤差も正しく推定されているので，検定結果もそのまま結果の解釈に用いることができるのです。

表7-8の結果から，M機能が低いときも高いときも，どちらもP機能の効果が正で有意であることがわかります。ただ，M機能が低いときに比べて，M機能が高いときのほうが，P機能の効果はかなり大きくなることが明らかとなりました。

表7-8　M機能の±1SD地点のP機能の単純効果分析

M機能+1SDのときのP機能の単純効果分析

変数名	係数	標準誤差	自由度	t値	p値
切片	4.46	0.13	55	35.81	.000
給料_中心化	0.29	0.07	55	4.02	.000
P機能_中心化	0.65	0.11	55	5.88	.000
M機能+1SD	0.40	0.08	55	5.17	.000
P機能_中心化×M機能+1SD	0.19	0.07	55	2.87	.006

M機能−1SDのときのP機能の単純効果分析

変数名	係数	標準誤差	自由度	t値	p値
切片	3.54	0.13	55	28.41	.000
給料_中心化	0.29	0.07	55	4.02	.000
P機能_中心化	0.22	0.10	55	2.20	.032
M機能−1SD	0.40	0.08	55	5.17	.000
P機能_中心化×M機能−1SD	0.19	0.07	55	2.87	.006

7.4.3　単純効果分析のグラフ表示

以上の分析でも十分結果は解釈できますが，交互作用効果はグラフで図示したほうが見やすく，さらに結果の解釈がしやすくなります。単純効果分析をグラフで表示すると，図7-10のようになります。

図7-10を見てわかるように，M機能だけでなく，P機能についても+1SD，−1SDの点について，やる気の得点を推定しているの

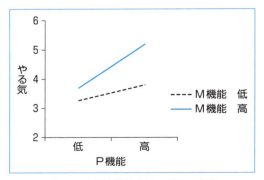

図7-10　単純効果分析のグラフ表示

---

*65　階層的重回帰の最後のステップの結果だけを表示しています。

がわかります。この各点は，表7-8の単純効果分析で計算した切片を用いて，簡単に推定することができます。

M機能が平均から1SD低いときの，P機能が平均から1SD低いリーダーの「仕事のやる気」の推定値は，表7-8の上の表にある切片の値3.54から，P機能のSDである1.17（表7-1参照）と，P機能の回帰係数0.23を掛けたものを引きます。つまり，$3.54 - 1.17 \times 0.23 = 3.27$となります。これはM機能とP機能がともに低いときですから，リーダーがpm型のときのやる気得点の推定値といえるでしょう。同様に，$3.54 + 1.17 \times 0.23 = 3.81$が，M機能が低くP機能が高い場合（Pm型）のやる気得点の推定値となります。

M機能が高いときも同じ方法で計算ができます。今度は表7-8の下の表の切片である4.46を用いて，P機能のSD1.17と，P機能の回帰係数0.65を使って，P機能が平均±1SDのときのやる気得点を推定することができます（図7-10）。

7.4.4 いろいろな調整効果

以上のように，連続変量を説明変数とした場合の交互作用効果について，解説してきました。今回の例では，リーダーシップ・スタイルの相乗効果という枠組みで説明しましたが，社会心理学ではいろいろなところで調整分析が用いられています。比較的多いパターンとしては，ある実験効果が参加者のパーソナリティによって異なる，というパーソナリティ変数による調整効果です。パーソナリティは尺度で測定されることが多く，連続変量として扱われるので，重回帰分析による調整分析がよく用いられています。

回帰分析による調整分析が使われる前までは，リーダーシップ・スタイルやパーソナリティといった連続変量を，平均値で2群に分けて分散分析をする，という手法が主流でした。しかし，この方法は，せっかく連続的に測定した情報の多くを落としてしまうことから，今では批判されています。近年では，連続変量で測定したものは，できる限り回帰分析による調整分析を行うのが望ましいと考えられています。

また，本書では紹介しませんでしたが，調整分析にもさまざまな方法があります。まず，平均±1SDの点でのみ単純効果を検定するのが恣意的であるという批判から，単純効果が有意である範囲を明らかにする方法などが提案されています（Johnson & Neyman, 1963）。この方法では，単純効果が有意になる調整変数の範囲（あるいは有意にならない範囲）を知ることができます。また，この方法を実行してくれるWeb上のアプリも公開されています[*66]。

7.5 本章で取り上げた心理学をもっと勉強するために

リーダーシップは，社会心理学や産業・組織心理学の分野で，非常に長い期間，研究が続け

---

*66 http://www.quantpsy.org/interact/index.htm。英語のサイトですが，わかりやすく書かれているので，一度チャレンジしてみてもいいでしょう。

られています。PM理論は日本人が提唱した理論ということもあって、日本人研究者が好んでこの理論を使って実証研究を行い、論文も書かれています。また、P機能とM機能という2次元で説明するところがわかりやすいのか、一般のビジネス書などでも多く取り上げられているようです。

　PM理論以外にも、さまざまなリーダーシップの理論が提唱されています。リーダーがどのような状況に置かれているかに注目した状況即応アプローチや、組織が変革して発展するために求められるリーダーシップとして変革型リーダーシップなど、さまざまです。また、近年では生産性だけではなく、組織の倫理性に焦点を当てた倫理的リーダーシップなども注目されています。

　リーダーシップ研究については坂田・淵上（2008）が、網羅的で、わかりやすくまとめられています。

【文献】

Johnson, P. O. & Neyman, J. (1963). Tests of certain linear hypotheses and their applications to some educational problems. *Statistical Research Memoirs*, **1**, 57-93.

三隅二不二（1966）．新しいリーダーシップ——集団指導の行動科学．ダイヤモンド社．

坂田桐子・淵上克義編（2008）．社会心理学におけるリーダーシップ研究のパースペクティブ［1］．ナカニシヤ出版．

問1：重回帰分析の調整効果を，説明変数を中心化せずに行った場合に，どのように結果が変わるかを比較してみましょう。

問2：M機能が±2SDの場合のP機能の単純傾きと標準誤差を，ソフトウェアを使って計算してみましょう。

問3：M機能を平均値で分割し，2つの群に分けた場合に，それぞれの群で重回帰分析を実行した場合の結果と，本章で紹介した分析結果を比較してみましょう。

第8章 心の文化差を説明する ── 媒介効果の分析

8.1 文化による心の違い

8.1.1 文化によって心が違う？

　心は世界のどんな人でも，同じようなメカニズムで働いているのでしょうか。それとも，国や文化によって異なるのでしょうか。海外に旅行に行った人は，こういう印象を持っているかもしれません。「日本人よりもこの国の人のほうが，はっきりものを言う」「自己主張が強い」などなど。もし，心の特徴に国や文化の違いがあるならば，それはどのように違って，また，その違いは何によって生じているのでしょうか。

　そのような疑問に答える分野が，**文化心理学**，あるいは**比較文化心理学**です。これらの学問分野は社会心理学と隣接した学問分野で，いろいろ接点が多い分野です。文化心理学あるいは比較文化心理学では，特に「**心の文化差**」に注目し，心が文化によってどのように，なぜ違っているのかを考察します。

　先行研究では，さまざまな文化差が議論されています。たとえば，日本を含めた東アジアの文化は集団主義的で，アメリカなどを含む欧米文化では個人主義的だ，という考え方があります。集団主義文化とは，自分自身よりも他の人との調和を重んじる文化で，個人主義文化は逆に，他者との関係性よりも自分自身を重視する文化です。

　同様の説明として，マーカスと北山（Markus & Kitayama, 1991）は，東アジア文化は自己と他者の存在がつながりあっているものとして考える文化である一方，欧米文化は自己の存在が他者と独立に存在する文化であると主張しています。東アジア文化の自己の考え方を**相互協調的自己観**，欧米文化のほうを**相互独立的自己観**とよびます（図8-1）。マーカスと北山は，このような人間観（文化）の差が，感情・認知・動機づけなど，さまざまな個人の心のメカニズムに影響を及ぼすことを論じています。

　このように文化心理学では，文化によって人々の考え方，行動の仕方に差があることを説明してきました。それらの理論の多くは，社会心理学でも受け入れられています。

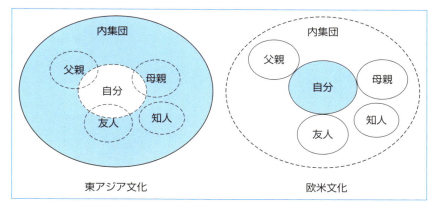

図8-1 相互協調的自己観と相互独立的自己観

8.1.2 一般的信頼の文化差と社会関係の流動性

山岸（1998）は，集団主義文化の日本と個人主義文化のアメリカにおいて，信頼の程度に違いがあることに注目しました。ここでいう信頼とは，「人は一般に，自分に対してひどいことをしない，裏切ったりしない」と思うことです。このような他者一般に対する信頼を，**一般的信頼（general trust）**とよびます。この一般的信頼は，実は日本人よりもアメリカ人のほうが高いことが多くの調査でわかっています。一見，集団主義が強く，他者との結びつきが強い日本人のほうが，他者に対して信頼していそうです[*67]。それでは，なぜ日本よりもアメリカのほうが，一般的信頼は高くなるのでしょうか。

山岸は，この直感に反する文化差に対して，社会環境の違いが理由ではないかと考えました。具体的には，日本のような人間関係があまり変化しない閉鎖的な社会よりも，引っ越しなどが多く人が移り変わる開放的な社会のほうが，一般的信頼を必要とするからだというものです。なぜなら，日本のムラ社会のような閉鎖的な環境では，そもそも他者一般に対して信頼する必要はありません。見知っている人とだけ長く付き合っていけばいいからです。また，身近な人を裏切るとすぐに噂は知れ渡って村八分になるため，誰も裏切れないことも知っています。さらに，見知らぬ人を「よそ者」として排除したとしても，それほど生活に影響はないと考えられます。一方，アメリカのような開放的な社会では，見知らぬ人でもとりあえずは「信頼できる人」だと思うほうが，人を疑ってかかるよりも新しい関係を作る機会が多くなります。もちろん，ときには騙されることもありますが，そのデメリットよりも，人を信頼し，自分にとって今までよりも良い関係を作るメリットのほうが上回ると考えられるのです[*68]。

山岸は，日本のような信頼の要らない，決まった人間とだけ付き合う社会を「安心社会」，アメリカのような不特定多数の人間と付き合う機会のある，信頼が利益をもたらす社会を「信頼

[*67] 日本の伝統的な村落社会では，外出時に家の鍵をかけない，開放された縁側にいろいろな人が立ち寄る，などという逸話はよく聞きます。

[*68] 他に良い人がいるのに，現状の関係に固執することによって生じるコストを，山岸は**機会コスト**とよんでいます。

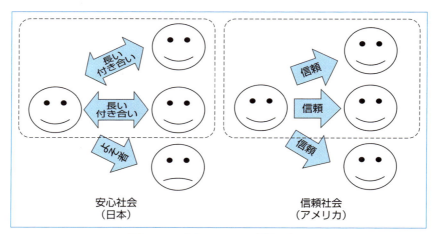

図8-2　日本とアメリカの信頼の違い

社会」と呼んでいます（図8-2）。

　また，人間関係が固定的であるか流動的であるかという社会環境の違いは，**社会関係の流動性**，あるいは**関係流動性**とよばれています。結城ら（Yuki et al., 2007）は，この関係流動性に注目し，人間関係が固定的な環境（流動性の低い環境）では信頼が不必要である一方で，関係を結ぶチャンスがたくさんある関係の流動的な環境（流動性の高い環境）では，信頼が育ちやすいという仮説を立てました[*69]。すなわち，関係流動性が信頼の文化差の要因である，というわけです。

　では，本当に日本とアメリカの信頼の違いは，関係流動性によって引き起こされたのでしょうか。また，どのように検討することができるでしょうか。それは，本章で扱う**媒介分析**という方法で可能になります。

8.2　媒介分析

　心理学では実験を使って，統制群と実験群の比較を行います。その二つの群で有意な差があれば，「操作に効果があった」ことがわかるわけですが，場合によっては，その操作が心理的なプロセスにどう影響したのかが気になることもあります。また，先ほど述べたように，文化差が認められるとわかったとして，それがどのような社会環境の違いによって引き起こされたのかを知りたい場合があります。このように，ある変数同士の関連性（たとえば信頼の文化差）がどのような変数によって結ばれているのかを知りたいとき，媒介分析という手法を用います。

　本章で用いるデータは，日本とアメリカからそれぞれ50人，合計100人の調査対象者から，一般的信頼尺度（山岸，1998）と，関係流動性尺度（Yuki et al., 2007）について回答を得たも

---

*69　この仮説は，本章で紹介する媒介分析によって支持されています。

のです（人工データ）。一般的信頼尺度は，「ほとんどの人は信頼できる」などの6項目で構成されています。関係流動性尺度は，回答者がどれほど社会関係が流動的な環境にいるかを問う尺度です。「あなたの周囲の人たちには，人々と知り合いになる機会がたくさんある」などの12項目があります。どちらも5件法で測定しました。

データを表8-1に掲載します。「国」という変数は，日本を0，アメリカを1としたダミー変数です。そして，「一般的信頼」と「関係流動性」の尺度得点をそれぞれ計算したものを，変数と

表8-1 日本とアメリカの一般的信頼と関係流動性（人工データ）

ID	国	一般的信頼	関係流動性
1	0	2.50	1.75
2	0	3.33	3.75
3	0	2.33	1.67
4	0	2.67	3.42
5	0	3.17	3.42
⋮	⋮	⋮	⋮
96	1	3.17	4.67
97	1	3.83	3.50
98	1	2.67	2.92
99	1	3.67	3.17
100	1	3.50	3.75

して用意しました。この3つの変数を使って，一般的信頼の文化差が関係流動性によって説明されるかどうかを，媒介分析で検討していきます。

8.2.1　媒介変数と直接効果・間接効果

媒介分析は，目的変数に対して説明変数が与える影響を，別のある変数が媒介する（あるいは仲介する）と考えて，その媒介性の効果を検討する手法です。具体的には図8-3のようなイメージです。

図8-3の上のモデルは，単に一般的信頼に文化差があった，というモデルです。この場合，なぜ信頼に文化差があったのかはわかりません。一方，図の下のモデルは，文化によって関係流動性が異なっており，それが一般的信頼の高さに影響を与える，というひとつ踏み込んだ説明を可能にしていま

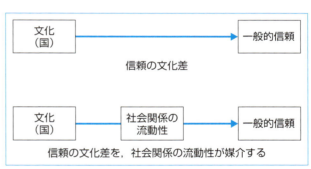

図8-3　媒介変数なしのモデル（上）と媒介変数ありのモデル（下）

す。このとき，説明変数（文化）と目的変数（信頼）の間をつなぐ変数（関係流動性）のことを，**媒介変数（mediator variable）**とよびます[*70]。媒介分析を用いることによって，目的変数と説明変数の関連性について，詳細なメカニズムに言及することができるようになるのです。

媒介分析は，これまで勉強してきた回帰分析の延長として理解することができます。図8-4の上のモデルを見てみましょう。まず，目的変数と説明変数の関係を，「効果a」とよぶことに

[*70]　第7章で登場した調整変数（moderator variable）と混同しやすいので注意してください。

します。「効果a」は単純に単回帰分析の回帰係数を意味しています。

続いて，下の図は，目的変数と説明変数の関係を，媒介変数によって媒介させたモデルです。このモデルでは効果が3つあり，それぞれ「効果a′」「効果b」「効果c」とします。ここで効果bは，説明変数で媒介変数を回帰した，単回帰分析によって推定できます。次に，効果a′と効果cは，目的変数に対して説明変数と媒介変数によって回帰した，重回帰分析によって推定できます。

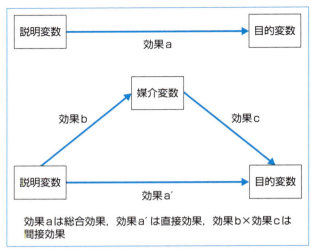

図8-4　単回帰分析（上）と媒介分析（下）

このとき，媒介分析では，「効果b」と「効果c」の積（効果b×効果c）に注目します。「効果b」と「効果c」の積は，説明変数と目的変数の関係性が，媒介変数を経由したときの効果を表しています。このとき，この「効果b」と「効果c」の積を，**間接効果（indirect effect）** とよびます。一方，媒介変数を経由しない「効果a′」のことを，**直接効果（direct effect）** とよびます。また，もともとの目的変数と説明変数の関係を表す「効果a」のことを，**総合効果（total effect）** といいます。

直接効果と間接効果の関係は，次のような式で表せます。

$$\text{総合効果} = \text{直接効果} + \text{間接効果}$$

表現を変えれば，以下のように示すこともできます。

$$\text{効果a} = \text{効果a}' + \text{効果b} \times \text{効果c}$$

つまり，もともとの目的変数と説明変数の関連は，媒介変数を経由した効果と経由しない効果に，分解できるということを意味しています。

8.2.2　媒介分析の手続き

媒介分析は，媒介変数を経由したときの関連性を表す，間接効果を知ることが目的です。一般に，間接効果が認められたとき（有意だったとき）に，「媒介効果があった」と判断します。それでは，媒介効果を検討するまでの手続きをまとめておきましょう[*71]。

●ステップ1● まず，図8-4（上）のモデル「説明変数→目的変数」の単回帰分析を行い，「効果a」（総合効果）を求めます。このとき，総合効果が有意でなくても，間接効果が有意になることがあります。

●ステップ2● 次に，「説明変数→媒介変数」の単回帰分析を行い，「効果b」を推定します。「効果b」が有意でないと，間接効果は有意にならないことが多いです。

●ステップ3● 続いて，「説明変数と媒介変数→目的変数」の重回帰分析を行い，「効果a′」と「効果c」を推定します。このとき「効果a′」である直接効果の有意性検定の結果によって，後の解釈に違いが出てきます。

●ステップ4● 最後に間接効果の推定と検定を行います。間接効果は「効果b」×「効果c」で求めることができます。間接効果の検定については，少し複雑な計算が必要です。それについては次節で解説します。

　以上が媒介分析の手続きです。見てわかるように，間接効果の検定以外は，これまで勉強した回帰分析を3回繰り返すことで実行できます。
　媒介が成立しているかどうかの判断は，ステップ4において間接効果が有意であるかどうかで，判断することが多いです。また，それに加えて，直接効果が有意であるかどうかでも，解釈の仕方が変わることがあります。間接効果が有意で，直接効果が非有意であった場合，媒介変数によってもともとの目的変数と説明変数の関連が説明されたことになるため，**完全媒介**が成立したといいます。一方，直接効果が有意であった場合は，部分的に媒介変数が説明したことになるため，**部分媒介**が成立したといいます。ただし，完全媒介か部分媒介かは，あくまで有意性検定の結果による分け方であるため，本質的に区別されるものではありません。媒介効果の程度を見るのならば，効果量なども検討して，総合的に判断する必要があります。

8.2.3 媒介分析の実行

　それでは，実際に表8-1のデータを用いて，媒介分析を行ってみましょう。想定している媒介モデルは図8-3です。

●ステップ1● まず，「一般的信頼」が日本とアメリカで違っているか，「国→一般的信頼」の単回帰分析を行います。すると，回帰係数は0.58で有意でした（$t(98) = 4.89$, $p < .001$）。こ

[*71] 本書では，媒介分析を回帰分析の応用として解説していますが，構造方程式モデリング（第6巻を参照）を用いて媒介分析を実行する方法もあります。これらの方法は，媒介変数が1つのときは同じ結果になります。

れは図8-6の「効果a」にあたります。「国」は日本を0，アメリカを1にコーディングしているので，アメリカのほうが日本より「一般的信頼」が0.58点高かったことを意味しています。図8-5（左）は，国別に一般的信頼の平均を計算したものです。実際に日本は

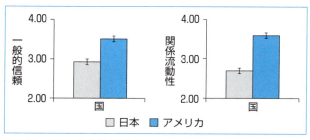

図8-5　一般的信頼（左）と関係流動性（右）の日米差

2.94，アメリカは3.52で，0.58点の差があります。

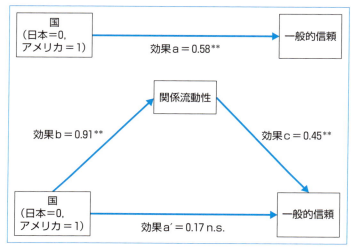

図8-6　媒介分析の結果

●ステップ2●　次に，「国」を説明変数，「関係流動性」を目的変数とした「国→関係流動性」の単回帰分析を行いました。回帰係数は0.91で有意でした（$t(98) = 5.64$, $p < .001$）。図8-5（右）[*72]のとおり，たしかに「関係流動性」についても，日本よりもアメリカのほうが0.91点高いことがわかります。

●ステップ3●　続いて，「関係流動性」と「国」を説明変数，「一般的信頼」を目的変数とした，重回帰分析を行いました。その結果，「関係流動性→一般的信頼」の偏回帰係数が0.45（$t(97) = 7.56$, $p < .001$）で有意，「国→一般的信頼」の偏回帰係数は0.17（$t(97) = 1.59$, n.s.）で非有意でした。これは，「国」による「一般的信頼」への効果が，「関係流動性」を投入することで消えてしまったことを意味します。

ここまでの分析を整理したものが，図8-6です。ステップ1の分析から，「一般的信頼」はア

---

*72　各グラフの上部にあるエラーバーは，標準誤差を表しています。

メリカのほうが日本よりも0.58点高く，それは有意な差でした。これは「効果a」にあたります。一方，ステップ3の「関係流動性」を媒介変数として投入した分析では，「国→一般的信頼」への効果が0.17に変化し，有意ではなくなりました（効果a'）。つまり，「関係流動性」を統制したうえでの「国→一般的信頼」への直接効果は，認められないということがわかります。また，「国→関係流動性」の効果（効果b＝0.91）と，「関係流動性→一般的信頼」への効果（効果c＝0.45）はそれぞれ有意であったことから，「関係流動性」が「一般的信頼」の日米差を説明しているように見えます。

● ステップ4 ● 　最後に，間接効果について見てみましょう。間接効果は「効果b×効果c」で計算できるので，0.91×0.45＝0.41となります。直接効果である「効果a'」は0.17ですから，それと比較して間接効果のほうが大きいように思えます[*73]。しかし，間接効果の検定をしないと，本当に媒介効果があるとはいえません。

8.3　間接効果の検定

すでに説明したように，媒介分析における媒介効果は，間接効果が認められるかどうかによって判断します。それでは，この間接効果をどのように評価すればよいでしょうか。

間接効果は「効果b」と「効果c」の積によって計算できます。「効果b」と「効果c」それぞれ単独の有意性検定は，ステップ2とステップ3の回帰分析によって行うことができます。しかし注意が必要なのは，「効果b」と「効果c」のそれぞれが有意であっても，間接効果が有意になるとは限らないということです。2つの効果の積の検定には，特別な手続きが必要です。社会心理学では間接効果の検定方法として，2つの手法が主に使われています。ひとつはソベル検定，もうひとつはブートストラップ法による検定です。

8.3.1　ソベル検定

第4章の4.2.4項で勉強したように，回帰係数の有意性検定は，回帰係数を標準誤差で割って，検定統計量であるt値を求めて行っていました。同様に，間接効果も標準誤差で割ることで，検定統計量を計算します。ソベル検定（sobel's test）では，標本サイズが十分大きいとき，間接効果の標本分布が正規分布に近くなると仮定して，次の式で検定統計量Zを計算します。

$$Z値 = \frac{間接効果}{間接効果の標準誤差}$$

[*73] ここで，間接効果と直接効果を足すと0.41＋0.17＝0.58となり，元の総合効果に一致することも確認しておきましょう。

Z値は，第1巻で勉強したように，標準正規分布に従う検定統計量です。Z値がおよそ1.96より大きい場合，5％水準で有意であると判断します。

間接効果の標準誤差は，次の式で近似的に求めます。

$$\text{間接効果のSE} = \sqrt{\text{効果b}^2 \times (\text{効果cのSE})^2 + \text{効果c}^2 (\text{効果bのSE})^2}$$

SEは標準誤差（standard error）を表しています。このように間接効果の標準誤差は，「効果b」とその標準誤差，そして「効果c」とその標準誤差を使って計算します。

それでは，分析から得られた「関係流動性」の間接効果の標準誤差を計算してみましょう。「効果b」と「効果c」の係数と標準誤差は表8-2のとおりです。これらの値をもとに間接効果の標準誤差を計算すると，以下のように0.09となりました。

表8-2 効果bと効果cの係数と標準誤差

変数名	係数	標準誤差
効果b（国→関係流動性）	0.91	0.16
効果c（関係流動性→一般的信頼）	0.45	0.06

$$\text{間接効果のSE} = \sqrt{0.91^2 \times 0.06^2 + 0.45^2 \times 0.16^2} = 0.09$$

間接効果の検定統計量であるZ値は，間接効果0.41を，今求めた標準誤差0.09で割れば求まります。

$$Z\text{値} = \frac{0.41}{0.09} = 4.56$$

Z値は1.96を超えると5％水準で有意ですので，ソベル検定の結果からは，間接効果は有意であると判断できます。

ソベル検定は計算の手間はそれほど大変ではありませんが，標本サイズが大きいことを仮定した，近似的な方法であることに注意が必要です。目安として，標本サイズが400以上必要であるともいわれています（豊田，2009）。今回のデータは標本サイズが100なので，ソベル検定の結果は正確ではない可能性があります。

8.3.2　ブートストラップ法による検定

ソベル検定は，標本サイズが大きいときに使える方法でした。それでは，標本サイズが小さいときは，どのようにして間接効果の検定を行えばいいのでしょうか。近年使われる間接効果の検定方法は，ブートストラップ法[*74]を用いる検定です。ブートストラップ法を用いて検定することを，ブートストラップ検定といいます。

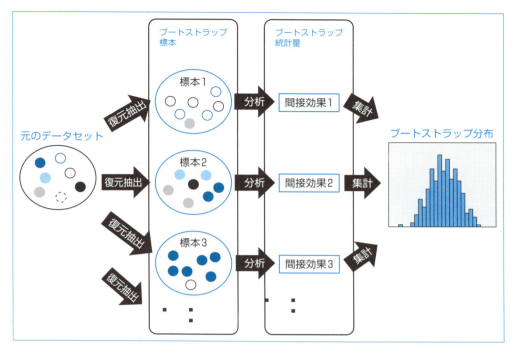

図8-7　ブートストラップ法のイメージ

　ブートストラップ法とは，手元のデータセットからデータセットをたくさん作成し，そのたくさんのデータセットに基づいて，間接効果を検定する方法です。データセットは，図8-7のように，元のデータセットから重複を許して，ランダムに，データを選んで作成します[*75]。このように作られた個々のデータセットを，ブートストラップ標本とよびます。また，個々のブートストラップ標本の標本サイズは，通常，元データの標本サイズと同じにします。

　ブートストラップ法は復元抽出を行うので，ブートストラップ標本1は，元のデータセットの◯と◯が3つずつ，●が1つ，いくつかのデータが重複して抽出されています。ブートストラップ標本3は，7個中6個も同じデータ●が抽出されています。元データの標本サイズが小さいと，こういった極端な例も起こります。本章のデータの標本サイズは100なので，重複を許してデータを抽出しても，極端なことは起こりにくいです。

　さて，ブートストラップ標本をいくつ作るのか，つまりブートストラップ標本数ですが，これは決まっていませんが通常は2,000個くらい作ります。実際には，コンピュータで乱数を使って作成します[*76]。

　ブートストラップ法では，このように作った2,000個のブートストラップ標本すべてに対し

[*74] 第9巻第4章も参照してください。
[*75] 復元抽出といいます。
[*76] Excelではrand（ ）関数を使えば乱数を生成できます。もし100人のデータセットの場合，「＝int(rand（ ）*100)＋1」という式を100個のセルに入力すれば，1〜100の整数の乱数を100個生成できます。生成された乱数に対応するIDの回答者を取り出せば，ダミーデータセットを作成できます。

て媒介分析を行い，間接効果を推定します（図8-7「ブートストラップ統計量」）。すると，2,000個の間接効果の推定値を得られます。ブートストラップ標本はそれぞれ少しずつデータの中身が異なるため，間接効果の推定値も異なります。そして2,000個の間接効果の散らばりから，間接効果の標準誤差を推定することができるのです。

ブートストラップ法でなぜ間接効果の標準誤差を推定できるかは，第1巻で解説している，推測統計学の標本抽出理論を思い出すことで理解することができます。標本抽出理論では，母集団から一定のサイズのサンプルをたくさん抽出したとき，それぞれのサンプルから計算した平均値の分布である標本分布を考えました。そして，この標本分布の標準偏差のことを，標準誤差とよびました。

それと同様に，元のデータセットをあたかも母集団とみなして，そこから重複を許した標本抽出を繰り返すことで，推定された間接効果の近似的な標本分布を作り出せることが理論的にわかっています。これは，2,000個の間接効果の分布のことです。この分布のことをブートストラップ分布といいます（図8-7）。

それでは，実際にブートストラップ法によって計算した，間接効果のブートストラップ分布を見てみましょう。図8-8のようになります。正規分布に似た形ではありますが，よく見ると左右対称ではなく，正に歪んでいるのがわかると思います。間接効果は積の効果なので，一般には左右対称の分布になりません。大きい値どうしの積は，小さい値どうしの積に比べてかなり大きな値になることを思い浮かべると，理解できるかもしれません。

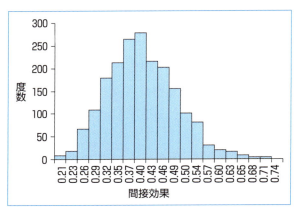

図8-8　ブートストラップ法によって計算した2,000個の間接効果の分布（ブートストラップ分布）

さて，ブートストラップ分布を用いて，間接効果を検定してみましょう。まず，ブートストラップ分布は標本分布として見なすことができるので，95％信頼区間を求めます。信頼区間は，母数[*77]がどの範囲にありそうかを区間で示すものでした。95％信頼区間は，95％の確率で母間接効果があるだろうという範囲です。

そこで，帰無仮説として，母集団の間接効果が0であると考えます。そして，もし95％信頼区間に0が含まれていれば，母間接効果が0である可能性が捨てきれないので，帰無仮説を保持します。逆に，95％信頼区間が0を含んでいなければ，母間接効果が0である可能性は5％以下

---

*77　これは母集団における間接効果のことで，母間接効果のことです。先ほど0.91×0.45＝0.41と推定した0.41は，標本間接効果です。その他，2,000個のブートストラップ間接効果があります。

であると判断して，帰無仮説を棄却します。つまり，母間接効果が0でないという対立仮説を採択します。

　間接効果の95％信頼区間は，ブートストラップ法によって計算した2,000個のブートストラップ間接効果から簡単に計算できます。小さい順にブートストラップ間接効果を並べて，2.5％の順位にある間接効果（2,000個中，小さいほうから50番目）が，95％信頼区間の下限になり，97.5％の順位にある間接効果（大きいほうから50番目）が，95％信頼区間の上限になります。この方法で計算された（95％）信頼区間を，パーセンタイル信頼区間とよびます[*78]。

　それでは，今回のデータによる「関係流動性」の間接効果について，ブートストラップ検定をしてみましょう。「関係流動性」の間接効果は0.41でした。そして，間接効果の95％パーセンタイル信頼区間は，95％下限が0.27，95％上限が0.62となりました（表8-3）。つまり，95％信頼区間は［0.27, 0.62］でした。結果を見てわかるように，下限と上限の間には0が含まれていませんから，「0.41の間接効果は5％水準で有意である」ということがわかりました。つまり，母間接効果が0であるという帰無仮説を棄却して，母間接効果が0でないという対立仮説を採択します。

　なお，もし1％水準の有意性検定をしたい場合は，99％信頼区間の下限と上限を計算します。表8-3のように，99％信頼区間にも0は含まれていないので，今回は1％水準でも有意であると言えます。

表8-3　間接効果のパーセンタイル信頼区間

99％下限	95％下限	90％下限	推定値	90％上限	95％上限	99％上限
0.23	0.27	0.29	0.41	0.58	0.62	0.68

8.3.3　ブートストラップ法の注意点

　ブートストラップ法は乱数を用いて標本分布を近似する方法なので，毎回少しずつ結果が変わってしまうことに注意する必要があります。今回の95％信頼区間は［0.27, 0.62］でしたが，もう1回，ブートストラップ法を実行してみてください。わずかに変わっているはずです。

　乱数の影響を小さくするためには，できるだけ多くのブートストラップ標本を生成する必要があります。データの性質にも依存しますが，安定したパーセンタイル信頼区間を計算するためには，少なくとも2,000個程度は生成したほうがいいでしょう。もし，有意になるかどうか微妙なところで信頼区間が変化する場合，10,000個など，もっと多くのブートストラップ標本を作成するのが望ましいです。もちろん，生データ（今回の標本サイズは100）を追加できるならば，そのデータを追加して，再度ブートストラップ検定を行うほうがよいでしょう。

[*78] 実際は，パーセンタイル信頼区間を補正した，バイアス修正パーセンタイル信頼区間を最もよく使います。ブートストラップを行うソフトウェアでは必ず出力するので，こちらを使うほうが良いです。しばしばBCaと略記しているので，出力をよく探してください。

8.4 媒介分析の実践

本節では，媒介分析で得られた結果の報告方法や，解釈の仕方などについてまとめておきます。

8.4.1 媒介分析の報告方法

本章のデータを用いた分析では，ソベル検定でもブートストラップ検定でも，間接効果は有意であることがわかりました。また，「国→一般的信頼」の直接効果（効果a′）は非有意でした。この結果から，「関係流動性は一般的信頼の日米差を媒介している」，と主張することができます。

社会心理学では，多くの研究で媒介分析が用いられています。そして，媒介分析の結果を図示する場合，図8-6のように媒介なしと媒介ありのモデルをそれぞれ別にするのではなく，図8-9のように1つのモデルで表現することが多いです。ここでは，ブートストラップ法を用いたときの報告例を挙げています。

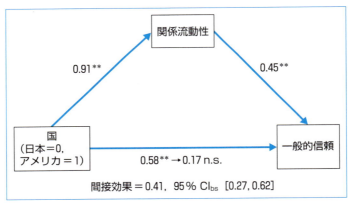

図8-9　媒介分析の効果

「国→一般的信頼」の係数が「0.58→0.17」となっているのは，左側が媒介変数である「関係流動性」を入れる前の「効果a」，右側が「関係流動性」を入れた後の「効果a′」であることを意味しています。また，間接効果についてはまず「効果b×効果c」で計算される値を報告し，それに続いて95％パーセンタイル信頼区間を95％CI_{bs}[*79]として，大かっこで囲って表記します。

ブートストラップ法を用いた検定を行う場合，ブートストラップ法の設定について報告する必要があります。どのソフトウェアを用いたのか，何個のブートストラップ標本を作成したの

[*79] CIとはconfidence interval，つまり信頼区間のことです。添え字のbsはブートストラップ法を使ったことを意味しています。

か，パーセンタイル信頼区間とバイアス修正パーセンタイル信頼区間のどちらを用いたのかを，報告してください。また，乱数の細かい設定の記載を求められることもあります。ブートストラップ法にはさまざまなオプションがあるので，いろいろ試してみてください。そして，どのオプションを使ったのかについて，報告しましょう。

8.4.2 解釈しづらい媒介効果について

今回のデータは人工データですので，理論的な予測も明確で，得られた結果もわかりやすいものでした。しかし，すべての媒介分析が今回のように解釈しやすいものとは限りません。ときには探索的に，媒介分析を行うこともあるでしょう。あるいは，次に挙げるように，解釈しづらい結果が得られることもあります。

媒介分析では，今回の例がそうであったように，「総合効果が有意で，直接効果が非有意になる」というのが，典型的なパターンです。しかし，「総合効果は有意ではなかったが，媒介変数を投入することで直接効果が有意になった」，という結果が得られるときがあります。たとえば図8-10のような結果です。

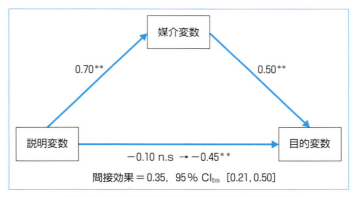

図8-10　総合効果が非有意で直接効果が有意な例

このパターンでは，「媒介変数を投入しないモデルでは検出できなかった（負の）直接的な効果が，媒介変数を統制することによって現れた」という解釈ができます。この場合の間接効果は0.35ですが，もしこの効果が有意であるなら，図8-9のモデルと同様に，媒介効果があると判断することができます。

具体例を挙げて解説してみましょう。たとえば，ダイエット効果がある苦いドリンクがあるとします。苦いので，多くの人は砂糖を入れて摂取してしまっているとしましょう。すると，平均的にはこのダイエットドリンクを飲んでも，体重には変化がほとんどないことになります（効果a＝総合効果＝−0.10）。そして媒介変数として砂糖の摂取量を投入すると，そのドリンクを飲むと平均的には砂糖摂取量が増え（効果b＝0.7），結果，砂糖の摂取が体重を増加させる（効果c＝0.50）という間接効果（0.70×0.50＝0.35）が得られます。一方，砂糖摂取量を統

制した場合のダイエットドリンクは体重を減らす効果がある，ということが直接効果（効果a′ = −0.45）として得られることになります。

　ほかにも，総合効果は正で有意だが，直接効果が負に有意になるなど，いろいろなパターンがありえます。これらはたしかに解釈が難しいものが多いですが，きちんとした手続きでデータがとれているなら，そこには隠れた因果関係が潜んでいる可能性もあります。ほかの研究や理論との整合性なども考慮に入れながら，解釈を試みてください。

8.5　この章で取り上げた心理学をもっと勉強するために

　本章では山岸（1998）の，信頼の解き放ち理論をベースに書いています。まずは山岸の本を読んで勉強してみましょう。また，文化心理学では本章で取り上げた関係流動性だけでなく，社会環境が文化差を説明するかを検証した研究が増えつつあります。これらは「文化への社会生態学的アプローチ」とよばれています。まとまった解説としては竹村・結城（2014）があります。こちらも参考にしてみてください。

【文献】

Markus, H. R. & Kitayama, S.（1991）. Culture and the self. Implications for cognition, emotion, and motivation, *Psychological Review*, **98**, 224-253.

竹村幸祐・結城雅樹（2014）．文化への社会生態学的アプローチ．山岸俊男編　文化を実験する──社会行動の文化・セイド的基盤．勁草書房．

豊田秀樹編（1998）．共分散構造分析──構造方程式モデリング　事例編．北大路書房

山岸俊男（1998）．信頼の構造──こころと社会の進化ゲーム．東京大学出版会

Yuki, M., Schug, J. R., Horikawa, H., Takemura, K., Sato, K., Yokota, K., et al.（2007）. Development of a Scale to Measure Perceptions of Relational Mobility in Society. CERSS Working Paper 75, Center for Experimental Research in Social Sciences Hokkaido University.

質問コーナー

媒介変数が複数あるようなモデルの場合は，どうしたらいいですか？

　本章では重回帰分析の応用として，媒介分析の方法を紹介しました。実は本章の方法では，媒介変数が複数ある場合には，対応することができません。しかし，第6巻で紹介されている**構造方程式モデリング**を用いることで，媒介変数が複数の場合の分析も可能です。構造方程式モデリングが実行できるソフトウェアの多くは，間接効果の標準誤差（ソベルの方法）を計算する機能や，ブートストラップ法を実行する機能がついていることが多く，簡単に媒介分析を行うことができます。

問1：間接効果とパーセンタイル信頼区間の下限との差，上限との差を比較してみましょう。

問2：媒介変数と説明変数を入れ替えて分析をすると，どのように結果が変わるかを確認しましょう。また，その場合の解釈がどうなるかについても考えてみましょう。

付録 ── 各章の Quiz の解答

第1章：Answer

問1. 操作的定義
問2. 測定誤差を小さくするため。
問3. 平均値＝4.2，標準偏差＝1.92
問4.

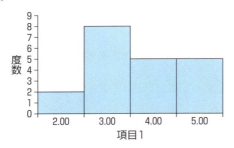

第2章：Answer

問1.

3因子解による因子分析結果

項目	Factor 1	Factor 2	Factor 3	共通性
親しみにくい−親しみやすい	.005	.720	.203	.650
心の狭い−心の広い	.556	.442	−.109	.737
近づきがたい−人なつっこい	.018	.873	.020	.794
考えの浅い−思慮深い	.677	−.123	.236	.604
消極的な−積極的な	−.220	.297	.428	.187
感じの悪い−感じの良い	.795	.256	−.124	.840
無能な−有能な	.126	.020	.753	.714
人の悪い−人の良い	.698	.222	.006	.749
知的でない−知的な	.264	−.059	.740	.820
不誠実な−誠実な	.694	.022	.200	.720
因子寄与	5.020	3.766	3.283	

問2. バリマックス，プロマックス回転で共通性は変化しない。しかし，因子寄与は回転の方法によって変化する。また，直交回転は列の負荷量の2乗和が因子寄与と一致し，行の負荷量の2乗和が共通性に一致する。しかし，斜交回転では負荷量の2乗和は因子寄与，共通性と一致しない。
問3. 因子名の例：第一因子は「人の好さ」，第二因子は「親しみやすさ」，第三因子は「賢さ」など。

第3章：Answer

問1. α係数＝.865

問2. 尺度得点と因子得点には非常に高い相関があることが確認される。

●2因子解による因子分析結果

項目	Factor 1	Factor 2	共通性
不安1	.840	.103	.708
不安2	−.785	−.022	.615
不安3	.675	−.069	.465
不安4	.607	−.004	.369
不安5	.703	−.090	.508
回避1	−.070	.671	.459
回避2	−.122	.698	.510
回避3	.141	.749	.571
回避4	.017	.719	.516
回避5	−.004	.763	.583
因子寄与	2.688	2.629	

●愛着尺度の尺度得点と因子得点の相関

	関係不安（尺度得点）	親密性回避（尺度得点）
関係不安（因子得点）	.990**	−.055
親密性回避（因子得点）	−.056	.997**

問3. 因子負荷量が高かった3項目の平均値を計算して，5項目の尺度得点との相関係数を計算したところ，次の結果を得る。比較的高い相関が得られている。

	関係不安	親密性回避
3項目不安	.957**	.035
3項目回避	.012	.928**

第4章：Answer

問1. $4.71+0.4\times 5=6.71$

問2. 人数が10人のほうが，標準誤差が大きく，95％信頼区間も広い。また回帰係数も大きく異なっている。

10人だけの結果

	係数	標準誤差	95％下限	95％上限
切片	5.437	1.646	1.641	9.233
傾き	0.264	0.156	−0.095	0.624

元の結果

	係数	標準誤差	95％下限	95％上限
切片	4.686	0.953	2.715	6.657
傾き	0.403	0.087	0.223	0.583

問3. 重回帰分析をソフトウェアで実行し，残差得点を出力しよう。その得点を2乗した値と説明変数である類似度の相関を計算すると，本文にあるように $r=.03$ で非常に小さい。このことから，今回のデータは分散の等質性が仮定できそうである。しかし，相関係数は線形の関係しかわからないので，本来は散布図なども使って確認することが望ましい。

第5章：Answer

問1. 満足度と恋人満足度のVIFが非常に高い。

●重回帰分析の結果

変数名	係数	標準誤差	t値	df	p値	95％下限	95％上限	VIF
切片	0.373	1.288	0.290	94	.773	−2.183	2.930	
満足度	0.449	0.433	1.037	94	.302	−0.411	1.310	25.297
他の満足度	−0.137	0.072	−1.898	94	.061	−0.279	0.006	1.226
投資量	0.504	0.191	2.642	94	.010	0.125	0.883	1.411
交際期間	0.007	0.012	0.628	94	.532	−0.016	0.031	1.086
恋人満足度	−0.015	0.362	−0.042	94	.967	−0.734	0.703	24.694

問2. t値が小さく，p値が大きくなっているのが確認できる。

●ID1～50の参加者のみで重回帰分析をした結果

変数名	係数	標準誤差	t値	df	p値	95％下限	95％上限
切片	0.064	1.818	0.035	46	.972	−3.596	3.723
満足度	0.439	0.147	2.989	46	.004	0.143	0.734
他の満足度	−0.149	0.101	−1.471	46	.148	−0.353	0.055
投資量	0.569	0.280	2.029	46	.048	0.004	1.134

問3. 満足度の標準化偏回帰係数が小さくなっていることがわかる。

●満足度，他の満足度，投資量の順に投入した結果

変数名	コミットメント	VIF
満足度	.561**	1.000
R^2	.315**	

変数名	コミットメント	VIF
満足度	.506**	1.093
他の満足度	−.188**	1.093
R^2	.347**	

変数名	コミットメント	VIF
満足度	.393**	1.330
他の満足度	−.176	1.095
投資量	.259*	1.255
R^2	.401**	

第6章：Answer

問1. 事前テストと勤続年数を統制した共分散分析の結果，事後テストの差は1.72で，統制群より実験群のほうが事後テストの点が高かった（$t(36)=3.14$, $p<.01$）。続いて事前テスト，勤続年数，条件を説明変数とした重回帰分析においても，条件の効果は1.72で同じt値，p値が得られた。

問2. 事前テストと事後テストの差を従属変数としたt検定を行うと，差が3.37で実験群のほうが高かった（$t(38)=11.21$, $p<.001$）。

問3. 共変量を中心化しない場合は，共変量が0である場合の予測値が推定される。事前テストが0点の人は存在しないので，意味のない結果が得られてしまう。共変量を中心化した場合は，事前テストが平均値の場合の結果が得られる。

第7章：Answer

問1. 調整変数を中心化しない場合，P機能の偏回帰係数はM機能が0点の場合の推定値が得られる。交互作用効果については中心化してもしなくても同じ結果が得られる。つまり，P機能については中心化したほうが解釈はしやすい。

問2. P機能の単純傾きの違いがより顕著になった。

●M機能±2SDの場合の単純傾きの結果
M機能＿低群（−2SD）

変数名	係数	標準誤差	t値	df	p値
切片	2.954	0.221	13.396	56	.000
P機能	0.022	0.182	0.118	56	.906
M機能	0.458	0.086	5.303	56	.000
P機能×M機能	0.181	0.073	2.467	56	.017

M機能＿高群（＋2SD）

変数名	係数	標準誤差	t値	df	p値
切片	5.050	0.221	22.899	56	.000
P機能	0.850	0.193	4.393	56	.000
M機能	0.458	0.086	5.303	56	.000
P機能×M機能	0.181	0.073	2.467	56	.017

問3. 偏回帰係数は似た結果が得られたが，標準誤差が大きく推定されている。

M機能が平均値以下の場合

変数名	係数	標準誤差	t値	df	p値	95％下限	95％上限
切片	2.327	0.677	3.435	28	.002	0.939	3.714
P機能	0.263	0.135	1.943	28	.062	−0.014	0.541

M機能が平均以上の場合

変数名	係数	標準誤差	t値	df	p値	95％下限	95％上限
切片	1.280	0.598	2.140	28	.041	0.055	2.505
P機能	0.658	0.123	5.361	28	.000	0.407	0.910

第8章：Answer

問1. 間接効果とその95％下限との差は0.14なのに対し，95％上限との差は0.21であった。つまり，間接効果の分布は非対称な分布であることがわかる。

問2. 説明変数と媒介変数を入れ替えると，次の図のような結果が得られる。

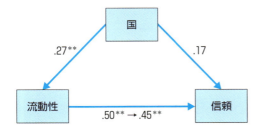

　国から一般的信頼への効果は有意ではなく，間接効果（0.05）も有意ではなかった。このことから，一般的信頼の文化差についての因果関係の流れは，国→流動性→信頼と考えるのが妥当であるといえる。

索　引

ア　行

愛着　40
　　成人の——スタイル　40
アッシュ（Asch, S. E.）　20
暗黙の人格理論　20
意見　7
一貫性　49
一般化可能性の側面の証拠　53
一般化最小二乗法　28
一般化線形モデル　71
一般的信頼　127
意味微分法　9
因子　23
　　——の推定　26
因子間相関　33
因子寄与　27
因子構造　33
因子軸の回転　30, 31
因子的妥当性　53
因子得点　44
因子パターン　33
因子負荷量　25
因子分析　20, 22
印象形成　20
ウェルチの検定　69
オールポート（Allport, G. W.）　2

カ　行

回帰係数　60, 61, 62
　　——の等質性の仮定　104
回帰式　60, 75
回帰直線　60
回帰分析　59, 68, 78
階層線形モデル　69
階層的重回帰分析　110, 111
階層的投入法　89
外的基準による証拠　53
概念的定義　5
確認的因子分析　37, 46
ガットマン基準　34
カテゴリカル因子分析　28
関係流動性　128

間接効果　130, 133
完全媒介　131
観測変数　23
簡便的因子得点　45
偽実験　96
基準関連妥当性　52
北山　忍　126
逆転項目　12
強制投入法　88
共通性　25
共分散分析　98, 99, 102, 104
共変量　99, 104
　　複数の——　104
拒否型　42
クロンバックのα係数　50
傾向スコア　104
形容詞対の選定基準　10
欠測データ　13
決定係数　66, 67
　　——の変化量　112
ケリー（Kelley, H. H.）　89
交互作用項　116
構成概念　1
構成概念妥当性　52
項目分析　13
5件法尺度　12
心の文化差　126
コミットメント　73, 74, 76
固有値　34

サ　行

最小条件集団　91, 92
最小二乗法　27, 68
　　重みつけのない——　27
最小平均偏相関　35
再テスト信頼性　50
最尤法　27, 28, 36
サーストン法　7
サーストン（Thurstone, L. L.）　7
残差　64, 68, 69, 71
残差分散　70
残差平方和　66

シェーバー (Shaver, P.) 42
自尊感情尺度 11
自尊心 11
実験室実験 94
実験的統制 100
社会関係の流動性 128
社会的アイデンティティ 91, 92
社会的態度 1
社会的認知 38
尺度構成法 6
尺度得点 45, 49
斜交解 32
斜交回転 32, 33, 34
重回帰分析 59, 73, 75, 78, 103
収束的妥当性 52
従属変数 59
自由度調整済み決定係数 83
主効果項 116
主成分分析 28
主成分法 28
順項目 12
準実験 94, 96
準実験計画 97, 104
剰余変数 97
初期解 30, 31
真値 48
信頼区間 62, 138
信頼性 47, 54
信頼性係数 48, 49, 50
心理尺度 5, 6
スクリープロット基準 34
ステップワイズ法 89
正規分布 14
生態学的妥当性 93
切片 60, 61
説明変数 59, 80, 84, 94
説明力 67
潜在変数 23
相関関係 24, 25
相関行列 25
相関係数 24, 84, 85
相互依存性理論 89
総合効果 130
操作的定義 5
測定 1
測定誤差 6, 48
ソベル検定 133

タ 行

対人認知 21
対人魅力 57
態度 1
　――の測定 3
態度測定法 6
タジウリ (Tagiuri, R.) 20
タジフェル (Tajfel, H.) 91, 93
多重共線性 86
妥当性 47, 51, 54
　――の検証 54
ダミー変数 102
単回帰分析 59
短縮版尺度 42, 43
単純傾き 119
単純傾き検定 121
単純効果分析 119, 122
単純構造 33
単純切片 119
中心特性 21
調整分析 115
調整変数 114, 129
直接効果 130
直交解 32
直交回転 32
ティボー (Thibaut, J. W.) 89
天井効果 15
統計的因果推論 98
統計的統制 98, 100
等現間隔法 7
統制群の設定 95
独自性 25
独立変数 59
　――の操作 94
度数分布表 14

ナ 行

内集団ひいき 91, 92
内的一貫性 49
内的一貫性指標 50
内容的側面の証拠 53
内容的妥当性 52
2乗和 65
ネルソン (Nelson, D.) 57

ハ 行

バイアス修正パーセンタイル信頼区間 137
媒介効果 139
媒介分析 128, 138

──の手続き　130
媒介変数　129
ハザン（Hazan, C.）　42
パーセンタイル信頼区間　137
バーソロミュー（Bartholomew, S.）　41, 42
パフォーマンス機能　109
バブルチャート　24
林　文俊　22
バリマックス解　30
バリマックス回転　30
バーン（Byrne, D.）　57, 58
反応段階　12
反復主因子法　27
比較文化心理学　126
ヒストグラム　14
標準化効果量　82
標準化偏回帰係数　80, 81, 82, 83, 85
標準誤差　68, 134, 136
　　ロバストな──　70
標準偏差　15
評定総和法　8
標本抽出理論　136
フィスク（Fiske, S. T.）　21
復元抽出　135
不適解　27, 36
不等価群事前事後テスト計画　96, 98
不等価事後テスト計画　96
ブートストラップ検定　134
ブートストラップ標本　135
ブートストラップ分布　136
ブートストラップ法　133, 134, 137
部分媒介　131
不偏推定量　68
ブルーナー（Bruner, J. S.）　20
プロマックス回転　32
文化心理学　126
分散拡大係数　87
分散説明力　67
平均値　15
平均への回帰　99
平行分析　35
偏回帰係数　76, 77
　　──の解釈　119
　　──のt値　81
偏差2乗和　66
偏差平方和　66
変数減少法　88
変数増加法　88

変数の中心化　103
弁別的妥当性　53
ボウルビィ（Bowlby, J.）　40, 55
ホロヴィッツ（Horowitz, L. M.）　41, 42

マ 行

マーカス（Markus, H. R.）　126
三隅二不二　108
無作為割り当て　95
メシック（Messick, S. A.）　53, 54
目的変数　59, 84
モデル平方和　66

ヤ 行

山岸俊男　127
有意性検定　63
床効果　15
予測値　64

ラ 行

ラズバルト（Rusbult, C. E.）　73
リーダーシップ　107, 110, 124
リッカート（Likert, R.）　8
リッカート尺度　6, 28
リッカート法　5, 8
類似性魅力仮説　57, 58
ローゼンバーグ（Rosenberg, M.）　11, 21

アルファベット

ANCOVA　99
BCa　137
CI　138
I-T相関分析　16
MAP　35
PM理論　108, 109, 113
p値　63
R　12, 44
SD法　9, 22
SE　134
TypeⅡ平方和　116
TypeⅢ平方和　116
t検定　69
t値　63
VIF　87
Z値　133, 134
ΔR^2　112
ω係数　51

著者紹介

荘島宏二郎（しょうじま　こうじろう）

【シリーズ編者・第2著者：写真左】
1976年生まれ。
早稲田大学大学院文学研究科博士課程単位取得退学。現在，大学入試センター研究開発部准教授，博士（工学）
専門：心理統計学，多変量解析，教育工学
主著書：『学力：いま，そしてこれから』（共著）ミネルヴァ書房 2006年，『学習評価の新潮流』（共著）朝倉書店 2010年

読者の皆さんへ：

　上の娘が『侍戦隊シンケンジャー』にはまった。娘に「お前が入るとしたら何色で"モヂカラ"は何？」と聞くと，「いろはしろ！"もぢから"はこころ！」とかスゴイこと言っちゃうもんだから作った。ちゃんとゴーグルが「心」になっている。「パパは？」と聞くので，俺もいいこと言ってやろうと思い「色は黒」と即答したが，"モヂカラ"はブラックホールの連想で「穴」と答えてしまった。「だせぇ」と思ったが男に二言はないので作った。かっこよくできた。ちなみに足元は初期デザイン（他のキャラは伴奏サイト参照）。
　戦隊ヒーローは社会（心理）の縮図です。ちなみに，『炎神戦隊ゴーオンジャー』のイエロー，かわいいです。

清水裕士（しみず　ひろし）

【第1著者：写真右】
1980年生まれ。
大阪大学大学院人間科学研究科単位取得退学。現在，関西学院大学社会学部教授，博士（人間科学）
専門：社会心理学，グループ・ダイナミックス
主著書：『個人と集団のマルチレベル分析』ナカニシヤ出版 2014年，『MplusとRによる構造方程式モデリング入門』（共編）北大路出版 2014年，『計量パーソナリティ心理学』（分担執筆）ナカニシヤ出版 2016年

読者の皆さんへ：

　「目には見えない心を測定する」なんて無茶なことを，なんとか実現しようと心理学は挑み続けています。そのために，心理学は統計学という頼もしいパートナーを味方にして，さまざまな手法が提案・利用されてきました。とくに，本書で扱う因子分析は，心理学から生まれた統計手法です。皆さんもぜひ本書で「心を測定し，行動を予測する」技を身につけて，心を科学的に研究する楽しさを味わってもらえればと思います。

心理学のための統計学3

社会心理学のための統計学
―― 心理尺度の構成と分析

2017年 5 月30日　第 1 刷発行
2025年 4 月15日　第 6 刷発行

著　者	清　水　裕　士	
	荘　島　宏二郎	
発行者	柴　田　敏　樹	
印刷者	日　岐　浩　和	

発行所　株式会社　誠信書房
〒112-0012　東京都文京区大塚 3-20-6
電話　03（3946）5666
https://www.seishinshobo.co.jp/

Ⓒ Hiroshi Shimizu, Kojiro Shojima, 2017
印刷所／中央印刷　製本所／協栄製本
検印省略　　落丁・乱丁本はお取り替えいたします
ISBN 978-4-414-30189-2　C3311　　Printed in Japan

JCOPY　〈(社)出版者著作権管理機構　委託出版物〉
本書の無断複写は著作権法上での例外を除き禁じられています。
複写される場合は、そのつど事前に、(社)出版者著作権管理機構
（電話 03-5244-5088, FAX 03-5244-5089, e-mail：info@jcopy.or.jp）
の許諾を得てください。